「収入のケタを
1つ増やす
ブレイクスルー思考」
収入(仕事・ビジネス)編

The Sign

ザ サイン

坂庭鳳 著

セルバ出版

まえがき

万策尽きても、まだ「諦めない」という選択肢がある

by トミー（坂庭鳳）

待たせたな。

いえ、むしろ、待ちくたびれました。あなたが本書を手に取るまで。

初めまして、世界一の健康オタク、坂庭鳳（さかにわ つとむ）と申します。親しい人からは「トミー」と呼ばれています。呼びやすいように呼んでください。

すべてが愛と感謝

私は今、「生きてるだけで丸儲け」という感覚で生きています（この表現自体は、明石家さんまさんの言葉です）。

それまでは、20代から必死にお金を追いかけ続け、人が「諭吉」にしか見えず、貧乏暇なしを通り越し、自転車操業になり、借金まみれになりました。

クレームは増え、ビジネスパートナーとは音信不通になり、スタッフは全員辞め、親と絶縁し、持病が悪化して、遂には43歳で寝たきりにもなりました。

「どん底」を通り越して、「絶望」しかありませんでした。

「よい」と聞いたものをすべて試してもよくなる見込みはなく、むしろ悪化する一方。希望の光は見えず、世の中すべてが恨めしく、また、世界中が敵にしか見えませんでした。

そんな私が、今では「生きてるだけで丸儲け」「すべてが愛と感謝」です。

20代では鬱状態になり、本気で自殺を考えた時期もあった私ですが、人生が崩壊した後、絶望から希望を取り戻し、43歳で持病を克服。「生きる目的」が明確になり、ビジネスでは行列ができ、人様のお役に立て、世の中に貢献し、お金が後からついてくる。

そんな人生に激変しました。

自分で言うのもなんですが「ブレイクスルー」という言葉では到底、表現できないほどの変化を遂げ、充実した人生を送ることができています。

「生きてるだけで丸儲け」ですから、仮に財布に1円すらなくても、丸儲けです。トラックのタイヤを引きずって走るような重苦しい日々が、今では浮き輪でプカプカ浮いている感覚です。

決して、「楽して稼ぐ」という意味ではありませんので、誤解しないでください。

「生きる目的」に向かって、日々、軽やかに突き進んでいるという意味です。

もし、あなたも私と同じ感覚で生きていけたら、どんなに生きるのが楽でしょうか？　どんなに残りの人生が楽しいでしょうか？

あなたも、自由になれます。1人でも、誰とでも、どこへでも、どこまでも行けます。

誰かに憧れたり、メンターを必死に追いかけたり、何者かになる必要すらありません。「嫌われる勇気」も「感情のコントロール」も「アファメーション」も必要ありません。無駄な自己投資も資格もスキルも瞑想も難しい学びも一切必要ありません。的外れで、意味のないYouTubeも見なくなるでしょう。

もうこれ以上、そのようなものに無駄なお金と時間を使わないでください。

実際に、私は、もう、本すらほとんど読みません。周囲から見れば「教養のない大人」に見えるかもしれませんが、そんなことすら、もはや、気になりません。

学ぶことはもう何もないのです。なぜなら、自分に問いかけ、思い込みに気づき、それをやめるだけで、人生が好転していくからです。誹謗中傷も気にならず、周りの評価やリアクション、好感度すら、何とも思いません。

欠乏感、渇望感、不足感が消え、執着も依存も固執もなく、義務感や自己犠牲から解放され、そのままの自分、ありのままの自分にOKが出せて、許せて、受け入れることができるようになります。

焦りや不安、恐れもなく、保険すら必要ありません。仮にコロナになって重症化しても「これ以上、悪化したらどうしよう」「死んだらどうしよう」という病気に対する恐れもありません。

「愛されたい」「好かれたい」「嫌われたくない」「認めてほしい」「注目を浴びたい」あるいは、「見返したい」という怒りも、摩擦も抵抗もありません。イライラすることも頭に来ることも、滅多にありません。

「生まれてきてよかったと思いたい」「ここに居ていいと思いたい」「生きていていいと思いたい」そんな感覚も消えます。まさに、自由で常にニュートラルでフラットです。

お金や異性を必要以上に追いかけることもありません。むしろ、何もしなくても呼吸をしているだけで追いかけられる側になっています。必死に追いかける側から、逆に追われる側になります。

私はアニメ「ワンピース」のキャプテンクロのような形相から、穏やかな仏様のような面持ちになれています。

世界中の誰もが私と同じ感覚を掴めば、イジメも鬱病も自殺もなくなり、犯罪も戦争もなくなるのではないでしょうか？　このような感覚は、学校では教えてくれません。起業塾やオンラインサロンで学んでも得られません。

むしろ、やればやるほど悪化し、自分で自分の首を絞めていました。ありとあらゆる自己投資をしても得られなかった感覚と成果を手に入れています。人生が完全に180度、変わったのです。

本書は気づいて変わるためのもの

本題に入る前に、まずはお礼を言わせてください。

この度は、本書を手に取っていただき、誠にありがとうございます。でも、レジへ持って行くのは、あるいはAmazonの購入ボタンを押すのは、ちょっと待ってください。少なくとも、「まえがき」

と「あとがき」だけでも、しっかりと読んでから購入するかどうか検討してください。

なぜなら、本書には「答え」が一切書いていないから、です。

もし、あなたが「答えをくれ！」「テンプレートをくれ！」「雛形が欲しいんだ！」というのであれば、残念ながら、本書はあなたにとって、何の価値もありません。投資するだけ時間とお金の無駄です。

答えは自分の中にあります。いえ、答えは自分の中にしかありません。

実際に、「答えがないからこそ、これは本物だ。なぜなら、坂庭さん、答えは自分の中にあるということですよね？　だとしたら、もう、自分探しの旅は、ここで卒業します」と言って自分で答えを見出し、人生を変えたシングルマザーもいます。

まさに、そうなのです。

答えを言う（書く）というのは、ミスリードにつながり、新たな刷り込みになる危険すらあります。私とあなたの答えが同じとは限りません。だから、答えは言わない、いえ、答えは言えないのです。

極論、「学ぶ＝新たな刷り込み」です。

決して、本書で学ばないでください。本書は学ぶためのものではなく、気づいて、変わるためのものです。「学び」ではなく、「気づき」と「変化」こそ、重要なのです。

出し惜しみしているわけではありませんので、ご理解ください。

そして、私自身、自分探しの旅をし、人に依存し、他人に答えを求め、必死に学び、他人の模範解答を自分に刷り込み続けて生きてきました。

結果、14年間だけで４０００万円以上も自己投資をして、43歳で借金・絶縁・寝たきりに至ったのです。

人生に模範解答はありません。人によって「生きる目的」は異なります。登っている山が、そもそも違うのです。創っているパズルが、そもそも違うのです。自分にしかわからない答えを他人に求めていること自体が、そもそも間違いだったのです。

本書は、あくまでもあなたが自分で自分の答えを見出すためのヒントにすぎません。ですので、「答えが書いてないなら買う価値がない」と思うのであれば、今すぐに、ここでページを閉じ、本書のことはキレイさっぱり忘れてください。

今のあなたには、もっと適した本が、他にあるはずです。

脳の使い方を変えてみる

さて、私はさんざん、遠回りをして、あなたの先回りをしておきました。もう、あなたは、これ以上、時間もお金も労力も、遠回りする必要はありません。あなたが堂々巡りをすることで、もう、これ以上、大切な人を待たせないでください。

本書を持ち歩き、ここに書かれたことを理解した上で、まずは、「3か月」しっかりと自分と向き合い、脳の使い方を変えてみてください。

これで人生が変わらないほうがおかしいです。

正直、「死んだ人を生き返らせてほしい」という要望は無理だとしても、それ以外の問題は、ほぼほぼ脳で解決すると思っています。それは、私が自分の能力を過信しているのではなく、それだけ人間の脳は無限の可能性を秘めているから、です。

脳は無尽蔵です。

もちろんあなたの脳も例外ではありません。おそらく、あなたも、私と同じように、これまでに多くの自己投資、または学びをしてきたでしょう。

それこそ、ビジネス・副業・投資・健康・コミュニケーション・スピリチュアル・心理学・自己啓発・成功哲学・宗教……。

果たして、それで改善しましたか？

人間関係はよくなりましたか？　病気は治りましたか？　収入は増えましたか？　理想のパートナーと出会えましたか？　未来への不安は消えましたか？　心から幸せになれましたか？　なっていないと思います。もし、なっていたとしたら、本書を手に取っていないから、です。

私のことを「現代のヘレンケラー」と言った人がいました。借金・絶縁・寝たきりといった現代の三重苦をすべて経験し、乗り越えたからです。

どん底を経験し、絶望の淵を見た人間にしか語れない真実があります。

それらを経験して乗り越えた人間にしか、その乗り越え方は助言できません。「境界線をまたぐ」

と言ってもいいでしょう。「Over the border（オーバー・ザ・ボーダー）」です。

直接、その目で境界線を見て、境界線を実際にまたいだことのある人間しか、そのまたぎ方は語れない、ということです。

ホームランを打ったことがない人は、他人にホームランの打ち方は指導できません。アトピーを根治した人にしか、アトピーの根治の仕方は助言できません。

それと同じです。自画自賛にはなりますが、紛れもなく私はその境界線をまたいで来た人間の1人です。

本書はビジネス、心理学、健康法、スピリチュアル、自己啓発、成功哲学、宗教など、何を試してもよくならなかった人に向けて書いてあります。それらのものを否定はしませんが、それらのものを根底から覆す内容になっています。より本質的な部分に触れています。

思考の癖を整えることで劇的な変化

事実、私は「脳の使い方」、そして「思考の癖」を整えることで、43年間の生まれつきの持病を、わずか3日で克服し、3500万円の借金・負債をたった10か月で完済し、殺したいほど恨み、絶縁していた両親と和解することができました。

決して、私だけではなく、多くのクライアントさんも劇的な変化を遂げています。それがすべてを物語っています。

気持ち悪い言い方に聞こえるかもしれませんが、これまでに出会った人も、そうでない人も、これまでの経験もすべて、愛と感謝に満ち溢れています。

それまでは、1日中、キレまくり、運転中はクラクションの上に手を置いて走り、ことあるごとにクラクションを叩き鳴らし、怒鳴り散らし、人がお金にしか見えず、アニメのキャラで言うと、ワンピースに出てくる「キャプテン・クロ」のような人間でした。

行政書士という法律家でありながらも、恥ずかしながら、見ず知らずの人と路上で胸ぐらを掴み合ったことも一度や二度ではありません。そのうちの一度は信号待ちの道路のど真ん中でした。いつ、事件や事故を起こしてもおかしくないほどの精神状態だったのです。

そんな私が、今では、「坂庭さん、まるで、仏様みたいですね」と言われるまでになりました（もちろん、お世辞を多分に含んでいると思いますが）。

人生を変えるために、私が、やったことと言えば、脳の使い方を変え、思考の癖を整えただけ、です。そもそも、脳に使い方があるなんて私は知らなかったのです。今のあなたもそうかもしれません。

脳の動かし方を変え、思い込みをやめただけ、です。安心してください。その点についても、本書の中で詳しく解説しています。

もう一度言います。脳は無尽蔵です。

思考パターンを変えれば、趣味趣向が変わり、活動エリア・活動内容が変わり、出会う人の質と数が変わり、比例して収入が変わります。これで収入が増えないほうがおかしいです。

思考の癖を変えれば、解釈が無限になり、選択肢が無限になり、手段が無限になり、解決策が無限になります。解決策が無限になりますから、これで問題が解決しないほうがおかしいのです。

「これで、人生が変わらないはずがない」

自信を持って、そう断言します。

2020年5月以来、数千人を越える方たちとセッションを重ねてきましたが、私以上にこじれている人に未だ出会ったことがありません。それほどまでに、こじれていた私が言うのですから間違いありません。

「これでダメなら諦めろ」と言いたい。

それくらい自信があります。私の信用と人生のすべてをかけて断言します。実際に私は、借金・絶縁・寝たきりから、わずか数年で、

・寝たきり　⇩　ソロキャンパー
・グンマー　⇩　港区民
・引きこもり　⇩　歌舞伎町

という変化を遂げました。いいか悪いかは別にして、その「振り幅」にご注目ください（港区のマンションは2022年3月〜7月まで契約していましたが、その後、必要なくなったため、すでに解約しています）。

水を飲むのも怖くて寝たきりの状態から、生まれて初めて何を食べても何を飲んでも大丈夫な体

になり、借金まみれから、売上、収入の桁は1つ増え、人見知りで、人間嫌いの引きこもりから、行動範囲が広がり、人と会うのが好きになり、社交的にもなりました。

時々、「エビデンスを見せろ」という方がいますが、私自身の変化こそ、最大のエビデンスだと思っています。嫌味でもマウントでもなんでもなく、これ以上のエビデンスがあるなら、是非、見せてください。

もちろん、私だけではありません。

クライアントさんの事例も多数あります。しかも、再発・転移・リバウンドしている人は私が把握している限り1人もいません。むしろ、これ以上、再現性の高いものがあるなら、是非、教えてほしいと本気で思っています。

本当にこれ以外のもので信憑性が高く、再現性の高いものがあれば、私が自腹で身銭を切って今すぐにでも試します。

あなたはウェビナー、動画コンテンツ、起業塾、グループコンサル、個別コンサルをハシゴしていませんか？　すでに何百万円、何千万円も使い、セミナージャンキーになっている人もいるでしょう。

10代からスピリチュアルにハマり、30年以上「潜在意識の書き換え」をしてきても、病気のデパート、家庭崩壊、借金まみれの40・50代の女性を何人も見てきました。爪に火をともす生活をしてお布施をしても宗教で救われるどころか病気が悪化し、生活は困窮を極め、身内と絶縁している人も嫌というほど見てきました。

同時にそこから人生を立て直す場面を何度となく、この目で見てきました。これは奇跡でも魔法でもなんでもありません。再現性の高い実話です。

もし、あなたが、これまで、ビジネスや心理学、健康法、スピリチュアル、あるいは自己啓発、成功哲学の類に多くの時間とお金を投資したにも関わらず、現実が追いついていないとしたら、かつての私と同様、思考の癖に問題がある可能性が極めて高いです。

でも、それも、今日までです。

芽の出し方を知る

私にはわかります。熱心で努力家で真面目で素直で純粋で勤勉なあなたは、これまで誰よりもたくさんの種を蒔いてきたことでしょう。あなたは十分すぎるほどの種を蒔いてきました。種の蒔き方はわかったはずです。でも、あなたは「芽の出し方」を知らなかったのです。

本書はまさに、そんなあなたのための「芽の出し方」です。

安心してください。今日から残りの人生は大量の果実を得る日々の連続です（もちろん、何の種も蒔いていなければ、出る芽はありませんが）。

本書を手元に置き、まずは、じっくりと「3か月」は自分と向き合ってください。

誰でも、何歳からでも人生を変えることができます。もちろん、あなたも今からでも、そして、どんな状況からでも、自分を変えて人生を変えることができます。それは、私の経験だけでなく、私のクライアントさんがすでにたくさん証明してくれています。

「3か月後」あなたの収入、健康状態、人間関係は、どうなっていたいですか？ そのとき周りにはどのようなよい影響を与えていますか？

是非、未来のメリットをセットしてから、明るい、そして、軽やかな気持ちで、リラックスして、読み進めてください。しっかり、水分を摂りながら、呼吸もして、疲れたら途中、途中、休むことも忘れずに。

ところで、一点だけ、先にお詫びしておかなければなりません。

そもそも、本書は出す予定はなく、いずれYouTubeに無料で公開する予定でいました。ところが、ネタが溜まりすぎてしまい、動画の撮影と編集が全く追いつかず、「このペースで配信したら、すべてを世の中に出すのに、5年はかかってしまう」と思ったのです。

私は印税で稼ぎたいわけではありませんので、困ることは何一つありませんが、その5年の間に、病気による死亡、鬱病による自殺、借金による自己破産、倒産などが増え続けることでしょう。

「だとしたら、すぐにでも、全国、全世界、全人類のために、今、自分の頭の中にあることを記しておこう」と思い、書籍にしました。1人でも多くの人に、1日も早く人生を変えてほしくて、ポイントを凝縮し、この度、書籍化に踏み切った経緯があります。

決して、わかりにくいことはないと思いますが、一部、抽象度が高い話になっており、今後、動画として配信する予定の内容も含んでいます。また、すでに、動画になっている内容のおさらいにもなっています。

あくまでもその点だけはご了承ください。

畏れ多くも、「この脳の使い方を身につければ宗教も必要なくなる」とおっしゃった仏教徒も1人や2人ではありません。もちろんお世辞もあるかと思いますが、そのお言葉に恥じぬよう、気持ちを引き締めて、とことん本質を突き詰め、全人類が幸せになるヒントをここに置いていく決意と覚悟で形にしました。

是非、あなたのエゴのためではなく、全国、全世界、全人類のために、活用してください。

仮にあなたが諦めても私は諦めません。

なぜなら、万策尽きても、まだ、「諦めない」という選択肢があるからです。

一緒に境界線を越え、新しい景色を見に行きましょう！　購入者限定の特典ページもご用意してあります。

それでは、本編でお待ちしています。

Over the border！（オーバー・ザ・ボーダー！）　byトミー

２０２４年１月

坂庭　鳳

The Sign 「収入のケタを1つ増やすブレイクスルー思考」収入（仕事・ビジネス）編　目次

2章　人生を激変させる脳の使い方

3章 収入（お金・ビジネス・仕事編）

1章　すべては「本当の自分」からのサイン

1　「本当の自分」からのサインに気づけば人生が変わる

これでダメなら諦めろ

私は43歳の時に持病が悪化し、借金まみれで、親と絶縁し、寝たきりになりました。

詳しいエピソードは、1冊目の著書「1回10秒 健康オタクが辿り着いた世界一シンプルで簡単な健康法（セルバ出版）」を読んでみてください。

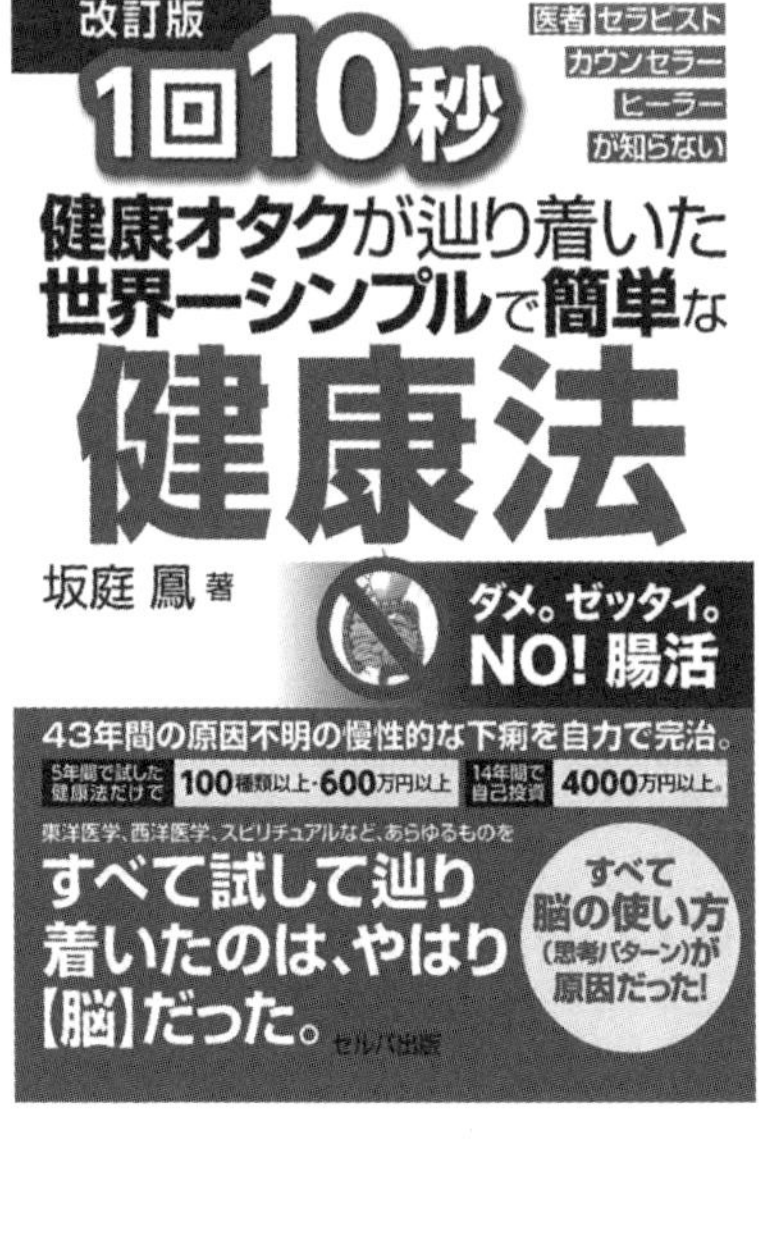

今、本書を書いている現時点で、日本人の男性の平均寿命は約81歳です。平均寿命まで生きるとすれば、倍の人生が残っています。

残っていますが。

「今のこの状況が、この先10年でも続いたら地獄だな」「死んだほうがマシだ」「死んで楽になりたい」と思いました。

同時に「この問題を解決する方法がこの世に存在するのであれば、全財産を投げ打ってでも、手に入れたい」と心底、思いました。

そして、私の43年間の原因不明の慢性的な下痢は、わずか3日で完全に止まりました。

3500万円の借金・負債は10か月で完済しました。絶縁していた親とも、和解しました。いずれの問題も1年とかからずにすべて解決してしまったのです。それくらい脳はシンプルでパワフルです。だからこそ、使い方を1つ間違うと危険です。

今となっては、あの地獄の日々が、まるで、夢・幻のようです。

親友にすら打ち明けられなかった最大のコンプレックスが今ではネタです。それくらい人生だけでなく人格そのものが変わってしまいました。

私が43年間の絶望の日々から抜け出した、たった1つの秘訣、それは「脳」の使い方を変えることです。

薬でもサプリでも治療でも裏技でも魔法でもありません。自分と向き合い、自分に問いかけ、思い込みに気づき、それをやめただけです。思考の癖を土台から変えただけです。本当にそれだけなのです。

もう、これ以上、外に答えを求めるのはやめましょう。答えはすでにあなたの中にあります。それこそが最大の希望となるでしょう。

あなたは薬を手放し、まやかしの悟りをやめ、本当の自分と出会い、新しい人生を手に入れるはずです。私はそれをすでに確信しています。安心してください。道は私が照らしておきました。

あの日、私は、すでに水を口にすることすらできずに、寝室の布団の中で、孤独と絶望を抱え、出口のない、真っ暗なトンネルを彷徨い、瞼の裏で、まさに、死の淵をぼんやりと眺めていました。朦朧とする意識と途絶えそうな呼吸の中、「もし、この問題を解決する方法がこの世に存在するのであれば、全財産を投げ打ってでも、手に入れたい」と切望しました。

それが、今、ここにあります。あの日、私が誰よりも何よりも切望したもの、それが、本書です。紙面の都合で、どうしても細かい部分やクライアントさんの事例まで、掲載することができませんでしたが、それらは、すべてYouTubeや公式サイトで無料公開しています（巻末参照）。是非、あなたが自分と向き合うのに疲れたときにでも、気分転換に覗いてみてください。あなたにさらなる希望を与えてくれるはずです。

私の人生と信頼のすべてをかけて断言します。これで、問題が解決しないわけがありません。本当にこれでダメなら諦めたほうがいい。それくらい自信があります。

もし、ここに書かれた脳の使い方であなたがよくならなければ、「本気で変わる気がないか？」あるいは、「そもそも変わる必要がないか？」それしか考えられません。

さあ、一緒に思考の癖を土台から変えて、新しい景色を見に行きましょう。

答えは自分の中にしかない

私がYouTubeや、メルマガ、そして、本書で一貫してお伝えしているのは、『答えは自分の中にしかない。自分に問いかけて、思い込みに気づいて、それをやめる（手放す）こと。そうすることで、自分で自分を癒し、自分で自分を内側から満たすこと』

これだけです。

ここさえ腑に落ちて理解できれば以後は読まなくて構いません。腑に落ちてそれに気づくと楽になります。なぜなら、外に答えを求めなくなるからです。

言い換えると、ここを理解しない限り、いくら、ノウハウやテクニック、方法論、メンタル・マインドといった精神論や根性論を詰め込んでも意味がありません。

それくらい本質的でもっとも重要な部分です。

もし、本当に経営やマーケティグ、マネジメント、ブランディング、仕組み化でお金が稼げれば、私は起業して数年で、とっくに100億円以上、稼いでいたでしょう。オンラインサロンも1つあれば十分なはずです。

もし、食事、睡眠、運動で健康になれるのであれば、とっくに健康になっていたでしょう。病院も薬もマッサージも要らないはずです。

コミュニケーションスキル、会話テクニックで人間関係が改善するのであれば、とっくに人間関係は良好になり、異性からもモテモテだったでしょう。恋愛塾なんて存在しないはずです。

ところが、実際は３５０万円の借金からスタートし、気づいたら、14年後には借金のケタが1つ増え、マイナス３５００万円になっていました。スタッフは全員いなくなり、異性からもモテず、挙句、両親とは絶縁し、持病が悪化して、寝たきりにもなりました。

本書を読む際のポイント

ノウハウやテクニックで人生が変わるのであれば、勉強熱心で行動力のあるあなたも、いえ、世界中の人がとっくに億万長者になり、健康でモテまくりの人生を送っているはずです。

でも、実際は、そうなっていませんよね？　だから、本書を手にしているのでしょう。つまり、あなたも薄々は気づいている通り、大事なのは、「そこではない」ということです。「それでは根本的に解決しない」ということです。根治です。

「どうすればいいんですか？」と質問してくる人がいますが、この時点で、行動レベルで答えを求めています。他人の答えを丸呑みしているだけですので、刷り込まれ続け、依存し続け、自立しません。そこには自立する恐怖があります。

逆に、「こうすればいいんだよ！」と回答する人は、行動レベルで誘導し、自分の答えを押し付け、刷り込んでいるだけです。刷り込み続け、依存させ続け、自立させません。実は自分が自立できていない状態で、自立される恐怖があります。

いわば、「共依存」です。「答えを求める側」と「答えを刷り込む側」、「依存する側」と「依存させる側」ですので、DVと同じ構図で、不安や恐怖でつながっている不健全な関係です。

世の中に出回っているコンサル、カウンセリング、ヒーリングをはじめとした、治療や施術の大半がこれです。今やYouTuberやインフルエンサーの垂れ流している情報の大半もこれです。

- 行動レベルの対症療法
- 堂々巡りの無限ループ
- 無限地獄
- 負の連鎖

をお互いに続けていますが、そもそも自覚がないので改善できません。そこを解決するのが本書の役目です。さて、前置きはそのへんにして、本書を読み進めていきましょう。

常に心の動きを意識して読む

本書はいわば、リトマス試験紙です。あなたがあえて反応するような書き方をしています。これを「フックを効かせる」と表現します。「フック」とは「引っかかり」です。

・イライラする
・腹がたつ
・ムカつく
・キレる
・余計なお世話なのにツッコミを入れている

などは引っかかって反応していますので、深掘りする重要なポイントです。まさに、そこにネガティブな思い込みが潜んでいます。常に心の動きを意識し、反応した箇所をメモしながら、読んでください。

ここを意識しながら読むのと、漫然と読むのとでは、あなたの気づきと変化がまったく違います。必ず、意識して、チェックしながら読んでください。

また、随所に参考となる私の動画やYouTubeのリンク（QRコード）を掲載してあります。面倒でもその場その場で動画を視聴し、腑に落としながら進むことをオススメします。

焦る必要はありませんので、1つひとつ、理解し、腑に落としながら進みましょう。

QRコードはお手持ちのスマホのカメラから読み取っていただき、iPhoneの場合、下記の画面などから「YouTube」で開いてください。

すべては本当の自分からのサイン

「心と体はつながっている」＝「心の不調が体にサインとして現れる」

「病は気から」＝「病気は気持ちの問題である」

何度となくあなたも聞いたことのある言葉でしょう。でも、本当の意味を理解していますか？

何となくわかったような、わからないような感じはないでしょうか。

もし、心と体がつながっていなければ、癌細胞を切除したら、再発・転移しないはずです。心と体がつながっているからこそ、心の問題を解決しないと、また、同じサインが出ます。つまり再発・転移です。ダイエットでいうところのリバウンドです。

偏頭痛の人は気圧のアプリをスマホに入れておき、「低気圧が近づいてきた」と知るだけで、頭が痛くなります。気持ちの問題で病気をしていますので、気持ちの部分を解決しないと、いつまで経っても気圧に振り回されてしまい、サインが出続けます。

そのサインは一体、何を知らせているのでしょうか？

そのサインの意味に気づかず、放置したり、対症療法をしていると、今度は別の形でサインが出ます。それでも、スルーしていると、いずれ警告になり、最後は今の人生から退場することになります。自殺や他殺を問わず、怪我や病気、事件、事故による不幸な死です。

ところで、「心と体はつながっている」なんて言いませんか？

たとえば、足は前進する部位です。「前進している」という感覚がなかったり、「どっちへ向かえばいいかわからない」「堂々巡りをしている」と感じると足にサインが出ます。足を怪我したり、足の病気になったりします。

失明は「視力が低下して見えない」ではなく、「見たくないもの」があると目を閉じます。難聴は「耳が不自由だから周りの声が聞きづらい」ではなく、「聞きたくない声」があるから、耳を塞いでいます。

まさに、心と体はつながっています。

これは、東洋医学的な捉え方ですが、実際に心理技術や脳の仕組みから、このような身体的な要因も解明し、解消できます。

このように聞くと、なんとなく心と体の関係がわかってきませんか？

「頭の中でモヤモヤしていたもの」「薄々、自分でも感じていたもの」を本書では言語化しました。

頭でっかちの小利口を卒業しよう

先ほどから「心と体はつながっている」と表現しています。確かに人には心がありますが、「心」という「臓器」はありません。つまり「心」には実体がありません。臓器は脳からの指令で動いています。

そこで、本書では、あえて、「心」という表現でなく、「脳からの指令」という意味で、「脳の使い方」「脳の動かし方」として解説します。

「心」という表現がしっくりくる方は「心」に置き換えて読んでいただいても構いません。「魂」

という表現がしっくりくる人はそれでもいいでしょう。表現の仕方や言葉遣い、ネーミングにこだわっても意味がありません。

大事なのは「知識」ではなく、「気づき」と「変化」です。単なる言葉や表現にこだわらないでください。そのような単なる言葉遊びの「枝葉」にとらわれると「本質」が見えなくなります。

そして、新しい言葉を覚え、知識を詰め込めば詰め込むほど、頭でっかちの理屈馬鹿の小利口になり、さらに、こじれていきます（ホリエモンは「小利口ほど成功しない」と言っています）。

・潜在意識と心理学の違い
・心理学と脳科学の違い

そんなことを考えても意味がない、ということです。なぜなら、あなたは、「その違いを知ること」が目的ではなく、「健康で豊かな生活を送り、幸せになること」が目的だからです。違いますか？だとしたら、知識欲を満たして満足するだけの頭でっかちの小利口は、いい加減、卒業しましょう。

ここではシンプルに「怪我や病気、トラブルは本当の自分からのサインなんだな」と覚えておいてください。現時点で、「そもそも、なぜ、それが本当の自分からのサインなんだ？」という疑問が湧いても大丈夫です。

読み進めるうちに、「なるほど、そういうことか」「だから、自分からのサインなのか」と理解できます。焦ってすぐに答えを求めずに、1つひとつ腑に落としながら読み進めていきましょう。

怪我も病気もトラブルも本当の自分からのサインに過ぎない

これが腑に落ちると、怪我も病気もトラブルも怖くなくなります。

「何かのサインでその病気をしているのか？」

「その怪我やトラブルを通して、今、何かに気づこうとしているのか？」

「本当の自分が、何を伝えようとしているのか？」

まずは、そのように捉えてみてください。すでに脳への問いかけは始まっています。

2　よくも悪くも人生はすべて「思い込み」にすぎない

自覚していないものは改善できない

盲点は盲点ゆえに自分では気づけません。改善したければ、まず、自覚することです。お聞きします。何時間かかっても構いませんので、自分に正直に、すべて書いてください。これは極めて重要なワークです。

ここをスルーしてしまうと、いくらこの先を読もうが、この後、別のワークをやろうが、全く意味がありません。それくらい重要です。ポイントは、自分に嘘偽りなく、正直になることです。なぜなら、本書は自分と向き合う本だからです。ここにはあなたしかいません。これまでの経緯を振り返り、自分の胸に手を当てて書いてください。

①あなたは、いつから、どのような問題で悩んでいますか？（小さい問題から大きい問題まですべて書き出しましょう）

②その問題を解決するために、どのようなことを試してきましたか？（小さいものから大きなものまですべて書き出しましょう）

③何年でいくらくらい使ってきましたか？（前記のものにすべて金額を書いてみましょう）

④合計でいくらくらい使ってきましたか？（ザックリで構いません）

⑤金額的な元は取れていますか？

⑥問題は根本的に解決しましたか？　再発転移していませんか？　リバウンドしていませんか？

これはあなたが自分と本音で向き合う最初のワークです。

時々、このような方がいます。

「ゴルフ仲間が増えたので元は取れています」

「情報交換する仲間ができたので満足しています」

「お金には換算できない経験を得ています」

この期に及んで、自分を誤魔化すのはやめましょう。確かに、あなたがお茶飲み友達やゴルフ仲間を増やし、経験することを目的としているなら、元は取れていると言えるでしょう。

本当にプライスレスの価値を感じ、元が取れていたら、本書を手に取っていないはずです。

でも、本来の目的は達成していますか？　健康になること、収入を増やすこと、理想のパートナーと出会うこと、人間関係をよくすることが目的ではなかったでしょうか？　だとしたら、本当に元が取れていると言えますか？

そもそも、問題が解決しておらず、元が取れていないから、本書を手に取っているのでしょう。違いますか？

他人を誤魔化せても、自分は誤魔化せません。いい加減、自分を偽って生きるのは、やめましょう。「偽りの自分」それこそが、病気の一番の原因です。

本書は、「偽りの自分」をやめて、「本当の自分」を取り戻すための本です。「本当の自分」と出会うための本です。

現実を見ましょう。そこに書いたことが、あなたがこれまで試してきた成果です。それだけが紛れもない事実です。

安心してください。脳のOSのバグを取ってアップデートすれば、ここに書き出した問題がすべて解決します。嘘じゃありません。

私の人生と信用のすべてを掛けて断言します。これで、よくならない訳がありません。是非安心して、読み進めてください。

この中で事実はどれでしょうか？

これも大事なワークです。正直に答えてください。次の中で、あなたが「事実」だと思うものにチェックを入れてください。

□「不景気だから仕事に困る（収入が減る）」
□「固定給だから収入は増えない」
□「私はモテない」
□「お金がないと夢は叶わない」
□「パワーストーンを身につければ運気が上がる」
□「健全な精神は健全な肉体に宿る」
□「人の体は口に入れたものでできている」

この中に事実は1つもありません。すべて思い込みです。よくも、悪くも。そもそも、「この中に事実が含まれている」ということも思い込みにすぎません。

不景気でもビジネスを拡大し、業績を伸ばしている人もいます。固定給でも手当がついたり、異動して収入が増えるケースもあります。ヘッドハンティングされてより条件のいい会社で働く人もいれば、転職、起業も可能です。今の職場で一生、同じ給料である必要がありません。そうですよね？

他の5つは、すべて相対的な比較であったり、単なる主観にすぎません。

「よい・悪い」ではなく、この世はすべて私たちの思い込みにすぎないのです。「よい・悪い」ではなく、というのがポイントです。

そして、ここがスタートです。大丈夫ですか？　焦らなくていいので、腑に落ちるまで、じっくり自分の心の動き、感情を確かめながら進めていきましょう。

43年間の生まれつきの持病の原因は「単なる思い込み」だった

1冊目の本にも書きましたが、私は持病が悪化して、2017年の10月に寝たきりになりました。

病名は「過敏性腸症候群」です。病名がついていても、整腸剤が出るだけで、検査をしても異常なし。胃にピロリ菌もいなければ、大腸も問題なし。むしろ、「同じ年齢の人に比べれば綺麗」とすら、言われるほどでした。

つまり、病名こそついていても、薬も治療法もないため、この症状は難病と同じです。実際に外出もできず、トイレと寝室の往復しかできなくなったため、仕事もできず、収入も途絶えるので、「難病に指定されて、手当が欲しい」とすら、思ったくらいです。

私は、生まれつき胃腸が弱く、幼少期から何を食べても何を飲んでもお腹を壊していました。常にトイレの心配をし、人と会うのも苦痛で、外出が恐怖。

30代に入ってから症状が悪化し、常に脱水症状でフラフラ。点滅した信号でも、横断歩道を小走りできない状態に。次第にトイレからトイレの移動になり、体力も落ち、椅子に座っていることもできなくなりました。

慢性的に脱水症状とはわかっていても、トイレの心配があるため、十分な水分を摂るのも怖いのです。そして、２０１７年10月、43歳にして私は遂に寝たきりになりました。

では、生まれつきの病気の正体は一体何だったと思いますか?

「いや、生まれつきなんだから、体質でしょ?」「先天性のものじゃない?」「遺伝?」と思うでしょう。実は、かかりつけのお医者さんの、こんな一言です。

「お母さん、この子は他の子よりも胃腸が弱いから気をつけてあげてください」

たったこの一言で、母は、「この子は生まれつき胃腸が弱い」と思い込み、そして、それを私に刷り込んだのです。

お医者さんによる刷り込み⇩母親の信じ込み⇩母親からの刷り込み⇩私の信じ込みです。

生まれて数か月後の夜、私はひどくお腹を壊したそうです。心配した母が私を抱えて、かかりつけのお医者さんに診てもらった際の診断です。たったこの一言で、私は43年間も胃腸の弱い人生を送り、最後は寝たきりになったのです。

「あなたは生まれつき胃腸が弱い」

私にとって呪いの言葉です。

ちなみに病気は遺伝しません。思考の癖（思考パターン）が遺伝し、同じ病気をつくり出しています。お金の問題も人間関係も思考の癖が遺伝しています。

事業では1代目が廃業すると2代目も廃業し、母親がシングルだと娘も孫もシングルになるケースが多いのは、そのためです。

あなたにとって「呪いの言葉」は何ですか？

私のクライアントさんに大塚さんという女性がいます。大塚さんは、「この子は生まれつき腸が長い」という一言で、「便が出づらい」⇩「便秘」という信じ込みをしてしまい、なんと57年間も、頑固な便秘に苦しんでいました（巻末参照）。

「え、たった一言で？　本当にそんなことあるの？」と思うかもしれませんが、あなたはこんな経験はありませんか？

- 親から「お姉ちゃんは勉強ができるのに、あなたはできが悪い」と言われた。
- 親から「お兄ちゃんは勉強も運動もできるのに、お前は何の取り柄もない」と言われた。

・母親から「あなたがいるから、お父さんと離婚できない」と言われた。
・母親から「お父さんね、本当は男の子が欲しかったのよ」と言われた。
・父親から、「じいさんから、経済力がないから、子どもなんて堕ろせって、言われていたんだ」と聞かされた。
・兄弟姉妹から「お前は橋の下で拾って来たんだ。お前はお母さんのお腹から生まれていない。お前だけ血がつながっていない」と言われた。
・父親から「本当は一番上にお兄ちゃんがいたんだけど、流産してな。もし、その子が生きて産まれていたら、お前は産まれてくる予定はなかった」と言われた。

他にも「あなたは昔から〜だから」「あなたは産まれた時、〜だったから」など、など。「長女なんだからしっかりしなさい」「お前は長男だから」「あなたは早生まれだから」これも刷り込みの1つです。

あなたにとって、呪いの言葉はなんですか？

特に親、学校の先生、お医者さん、師匠、メンター、憧れの存在、テレビのコメンテーター、インフルエンサーなど、いわゆる「権威」の影響力は極めて大きいため、その一言がとてつもなく強い刷り込みになります。私や大塚さんのように、それで人生が決まってしまうこともあります。「遺伝」「余命」なども、かなり強力な刷り込みになり、時には恐怖を伴います。

よくも悪くも、すべて思い込み・信じ込み・刷り込みです。ほんの些細な出来事や一言が、きっかけになって今に影響を与えている可能性があります。「もう大人だし」「昔のことだから」と自分では思っていても、脳の中では終わっていません。

脳にとっては過去も未来もなく、妄想と現実の区別もありません。常に「今」のこととして、バックグラウンドで、起動しています。それこそ、パソコンやスマホのアプリのように。

そして、自分にとって都合のいい思い込みをしていると都合のいい現実をつくり、自分にとって都合の悪い思い込みをしていると都合の悪い現実をつくり続けます。

この思い込み・信じ込み・刷り込みのことを信念、信条、ビリーフ、あるいは、セルフイメージ、固定観念、先入観とも言います。

また、「前提」とも言います。その「前提」と呼ばれる思い込み・信じ込み・刷り込みの多くは幼少期に経験する、親からの影響によるものです。母親との関係、父親との関係を見直すことが手っ取り早いと言えます。

私たちの人生の明暗を分けるものとは

私たちの人生の明暗を分けるものは、一体何でしょうか？

人は1日に6万回、思考しています。思考とは、自問自答のことです。そして、そのうち、8割、実に4万8000回もネガティブな思考をしているのです。

「ネガティブな思考か？　ポジティブな思考か？」このような表面的な切り替えでは改善しませ

ん。

根底にある「思考の癖」を土台から変える必要があります。思考の癖とは、思い込み、信じ込み、刷り込み、信念、信条、ビリーフ、セルフイメージ、固定観念、先入観、偏見からくる思考パターンです。

一言で言うと「思い込み＝前提」です。そして思考の癖こそが私たちの人生の明暗を分けます。よく会話で「前提として」という言葉を使う方がいますが、まさに、その「前提」です。前提が崩れると、その後の会話が成立しませんし、前提がズレると、すべてズレます。

前提のズレとは言ってみれば、最初からボタンのかけ違いが生じるようなものです。

ちなみに、思考は現実化しません。「前提」こそが現実をつくっているのです。なぜなら、脳は前提に合った情報しか集めてこない、という特徴があります。前提に合った情報だけを全力で集め、その体験を増やし、その記憶を強化します。

そして、その前提を確固としたものにします。

「だって、私は××だから」

これがセルフイメージです。このセルフイメージが、あなた自身を苦しめる呪いの言葉となって、かんじがらめにし、人生を狂わせます。お金の問題も病気も人間関係も。この前提は、信頼している人の一言で、簡単に刷り込まれます。いわゆる「権威」です。

医者、評論家、コメンテーター、コンサルタント、先生、師匠、監督、コーチ、講師、ニュース、テレビ、雑誌、新聞、書籍、アニメ、漫画、映画、ドラマの主人公、歌の歌詞など。今なら YouTuber、インフルエンサーといったところでしょうか。信頼している対象だからこそ、信じ込み、鵜呑みにしやすいのが人間です。

3　人生は「前提」がすべて

脳のOSのバグを取ってアップデートすることが最優先

あなたは、インプットと、アウトプット、どちらが重要だと思いますか？

「インプットの質が重要！」

「質より量！　行動量！　即行動！」

果たして、どちらが正解でしょうか？　結論はどちらも正解です。インプットも大事、アウトプットも大事。これは、間違いありません。その上で、お伝えします。

ここで「前提」を変えましょう。そもそも、OSが古い上にバグっていたら、どうでしょうか？

私たちの脳はスマホやパソコンでいうところのOSと同じです。

もし、あなたの脳のOSがWindows95で、バグまであったら？　つまり、あなたの脳のOSが古い上にバグっていたとしたら、最新のアプリケーションは正常に起動するでしょうか？

・固まって落ちる

・インストールすらできない
・最後は電源が入らなくなる

つまり、何をインプットするのか？　どうアウトプットするのか？　その前に古くてバグっているOSのアップデートが必要です。もっというと、脳のOSが整えば、インプットも、アウトプットも、ほとんど要らなくなります。

私は今、本をほとんど読みません。読んでいなければ、書きようがありません。

何も書いていません。なぜなら、必要がないからです。だから、私の本の索引には、時々、せこい著者や起業家になると、自分のソースを隠したがる人もいますが。私は、決して、自分のソースを隠すつもりはありません。実際に、問いかけて、気づいて、変化したことをクライアントさんや動画、メルマガ、そして、本書を通してシェアしているだけ、です。

もっというと、毎日、脳で遊んでいるだけです。本も必要なければ、もう何も学ぶ必要がありません。むしろ「学ぶ＝新たな刷り込み」です。

脳がこじれている間は、学べば学ぶほどこじれていきます。だから真面目で勉強熱心な人ほどメンヘラで非モテなのです。つまり、頭でっかちです。

ビジネス用のデスクトップパソコン、Dellをイメージしてください。ほとんど、余計なアプリケーションが入っていません。

他方、日本製のパソコンを思い出してみてください。最初から多数のアプリケーションがインストールされていますよね？　余計なアプリケーションを入れれば入れるほど重くなって固まりやすくなります。メモリがパンパンになり、容量も食い、効率が落ちます。

それなのに、最新のアプリケーションを取っ替え引っ替えして、バージョンアップした気になっている。「改善」どころか、むしろ、「改悪」になっていることにも気づかずに。よいと思ってやり続けて、むしろ、悪化している自覚もない。

詰め込めば詰め込むほど、頭でっかち、理屈馬鹿、屁理屈野郎の小利口になり、人の揚げ足ばかりとり、こじれていきます。いわゆる「面倒くさい人」です。そして、さらに、メンヘラで非モテになっていきます。

闇雲にアウトプットすればするほど、空回りをして、最後は鬱状態になります。

決して、あなたをディスっているわけではありません。私がそうだったのです。

ホリエモン、イーロンマスク、スティーブ・ジョブズ、ビルゲイツの脳のＯＳがWindows1000で、他方、あなたの脳のＯＳがwindows95で古い上に、バグっていたとしたら？　果たして、同じことをして、同じ成果が出るでしょうか？

アインシュタインの言葉に「狂気とは、同じことをして違う成果を期待することである」という言葉があります。あなたも私も狂気に冒されていたわけです。

宇多田ヒカルさん、ホリエモン、イチロー選手、大谷翔平選手、井上尚弥選手、ローランドさんなど、一流のアーティスト、有名な起業家、トップアスリート、影響力のあるインフルエンサーなど、活躍していて、素晴らしい人はたくさんいます。

彼ら、彼女らは脳のOSが、そもそも、我々、凡人とは違うのです。まずは、古くてバグっている脳のOSをアップデートすることが、重要です。マイナスをゼロに戻す、と言ってもいいでしょう。

インプットも、アウトプットも、今すぐやめましょう。まずは、脳を整えること。すべては、そこから、です。

成功者と同じテーブルに座っても、あなたが成功できない理由

以前、私のセミナー参加者に、このような20代の女性がいました。

『成功したければ、成功者と同じテーブルに座れ』と聞いて、自分よりも2ランク以上も上の人の真似をして破綻しました」という女性です。

「とにかく、彼ら彼女らはお金の使い方が半端じゃない。自分は起業したばかりで軌道に乗っておらず、また、自己投資のしすぎでお金がスッテンテン……。結局、ついていけずに、お付き合いをやめました」と。

もし、本当に成功者と同じテーブルに座った「だけ」で、自分も成功できるのであれば、年商億単位で稼いでいる企業の従業員は、全員、経済的に成功しているはずです。でも、実際はどうでしょうか？

パーティーで成功者と同じテーブルに座り、一緒にツーショットで写真を撮ってソーシャルに

アップしている人に限って、以前の私のように「もう、後には引けない」「何とか元を取らなきゃ」「そろそろ挽回しないと後がない」「次で絶対に回収するぞ」、堂々巡りをしている、空回りをしている、歯車が噛み合っていない感覚でしょう。

億万長者に会って一緒に写真を撮ったところで、あなたが億万長者になれるわけではない、ということです。

ずーっと、ハムスターのカラカラを1人で延々と続けている感覚。それもそのはず、すべて行動レベルの対症療法だからです。

頭が痛くなったら頭痛薬。胃が痛くなったら胃薬。下痢をしたら下痢止め。熱が出たら解熱剤。咳が出たら咳止め。お金が足りなくなったら銀行から融資を受ける。

まるで、モグラ叩きをしている状態です。モグラを叩いているだけで、巣を叩いていない。根っこが残っているのに表面的に雑草を刈っているだけ。火事で警報が鳴っているから警報を止めても、火の止め方を知らないようなものです。相変わらず台所は火の車。

私自身、そんな状態を何年も何十年も続けていました。当然、次第に火の手は大きくなり、警報が鳴り止まなくなります。こうなると、もはや、手遅れです。病気で言えば、末期状態。後は死ぬのを待つだけです。経済的には破綻（破産、倒産）です。人間関係で言えば、絶縁状態を意味します。

この警報は、後に、「本当の自分からのサイン（メッセージ）」ということに気づきます。

大事なのは行動レベルの対症療法ではなく、脳レベルの根治です。なぜなら、脳はOSだからです。成功者と凡人では、そもそも、積んでいる脳のＯＳのバージョンが異なります。

何をインプットするのか？　どうアウトプットするのか？　その前に、ＯＳのバグを取ってアップデートすることが最優先です。

無理矢理、学べば学ぶほど、メモリがパンパンになり、闇雲にアウトプットすればするほど、空回りします。ノウハウ、テクニック、方法論、メンタル・マインドと言った精神論や根性論では何も解決しません。

この20代の女性は、私のコンサルを希望してくださいましたが、私もボランティアではありません。クライアントさんからお金をいただいてサービスを提供しています。残念ながら、スッテンテンの方をお受けすることはできませんので、泣く泣くお断りしました。

マイナスをゼロに戻す

繰り返しますが、行動レベルの対症療法では、何も解決しません。薬で抑える、レーザーで焼く、切除する、なども同じです。再発・転移します。ダイエットでいうところのリバウンドです。

お金の問題も然り。思考の癖、脳の使い方が変わっていないのに、借金をして一時的に凌いでも、借金が増えるだけです。仮に自己破産しても、また、自己破産します。「金は天下の回りもの」「有り金はすべて使え」と、表面的に成功者の真似をしても、借金が増えるだけです。非常に危険です。

恋人や配偶者を取っ替え引っ替えしても、自分が変わらない限り、一時的な対症療法にすぎません。仕事を取っ替え引っ替えしても、自分が変わらない限り、人間関係も収入もよくなることはありません。

そもそも、「思考は現実化する！」と言いながら、思考を変えずに、単に言葉や行動を変えただけでは現実は何も変わりません。

もし、本当に思考が現実化するのであれば、まずは、脳レベルでの改善が必要なのです。ところで、思考は何も現実化していません。実は「前提」が現実をつくっているのです。

行動レベルの対症療法は、一時的なカンフル剤、一時的なモチベーションにこそなれ、また、1〜2週間もすれば、いつもの自分に戻ってしまいます。整体やマッサージでそのときはよくなっても、また、戻ってしまうのと同じです。

どんなに素晴らしいアプリケーションを取り入れたところで、基本ＯＳ、つまり、あなたの脳のＯＳが古くてバグっていたら、宝の持ち腐れどころか、害でしかありません。

まずは、マイナスをゼロに戻すことです。

サプリやプロテイン、お茶で病気は治りません。アトピーで肌がボロボロなのに、化粧で誤魔化しても、解決はしませんよね？　脱ステしたところで、ステロイドは抜けても、そもそも、その病気の原因を取り除かないと意味がありません。借金まみれで、投資に手を出しても、一発逆転のギャンブルにすぎませんよね？

マイナスに何を足しても、マイナスにしかなりません。ゼロに何を掛けてもゼロです。泥に水を入れても泥水にしかならないのです。まずは、底に溜まった泥を取り除くことです。

頭ではわかっていても、もう、後には引けない状態だったり、衝動的に麻薬のように手を出しているかもしれません。だとしたら、ここで、負のスパイラルを断ち切りましょう。

虫歯と同じで悪化することがあっても、よくなることはありませんから。

「思考は現実化する」は嘘

「思考は現実化する」と言われていますが、果たして本当でしょうか？

もし、それが本当であれば、ネガティブ思考をポジティブ思考に切り替えて、プラスの言葉を使い、前向きに行動すれば、仕事も恋愛もうまくいくはずです。あなたもとっくに大富豪になっていることでしょう。

果たしてそれで、幸せになれたでしょうか？　でも、それで、よくならないからあなたは、本書を手に取っているはずです。

「ネガティブをポジティブに切り替える」というのも、単なる表面的なプラス思考であり、行動レベルの対症療法に過ぎません。

現実
言動
思考
前提

また、しばらくすると、いつもの自分に戻り、モヤモヤしてきます。

では、ネガティブな思考は一体どこから来るのでしょうか？

実は思考の前に、「前提」があります（前ページ図参照）。

現実は表層の事象に過ぎません。言葉と行動の結果です。その言動の前に思考があります。思考とは解釈といってもいいでしょう。実はその思考の前に、「前提」があるのです。

「前提」とは思い込み・信じ込み・刷り込み、信念、信条、ビリーフ、セルフイメージ、固定観念、先入観のことです。

つまり、前提がネガティブなら、思考もネガティブになり、言動もネガティブになり、必然的に現実（結果）もネガティブになります。

逆に、前提がポジティブなら、思考もポジティブになり、言動もポジティブになり、必然的に現実（結果）もポジティブになります。だからこそ、言葉と行動（行動レベル）では思考が変わっていませんし、表面的に一時的に思考を変えたところで、土台となる前提が何一つ変わっていないので解決に至らない、ということです。

・何をインプットするのか？↑思考（解釈）

・どうアウトプットするのか？↑言動

その前に、脳のOS（前提）を変える、とは、まさに、このことです。そして、前提がどうなっているか、現実で答え合わせをします。

前提がズレていると、インプットがズレ、アウトプットがズレ、必然的に結果もズレていきます。

ここで、表面的な口先だけのポジティブシンキング、プラス思考をやると、こじれていきます。

自分でツイていると思えないのに、「ツイてる！」と言ってみたり、トラブル続きで落ち込んでいるのに、「ピンチはチャンス！」と言い聞かせてみたり、「大丈夫！　大丈夫！」「何とかなる！何とかなる！」と無理矢理、自分を鼓舞してみたり、「ま、いっか」とゴミをまたいでみたり。

「まだ、そうじゃないのに」「本当はそうじゃないのに」という感覚がつきまとい、これで、「本当の自分」と「偽りの自分」が生まれ、さらに、こじれていきます。

古くてバグった脳のＯＳをアップデートするとは、腐った根っこを引っこ抜いて、新しい根っこをブッ刺すようなものです。古くて腐った前提を引っこ抜き、新しい前提に差し替える必要があります。

「思考は現実化しない」「前提を差し替える」については、こちらの動画でも詳しく解説していますので、是非、視聴してみてください。

「思考は現実化する」は嘘

「現実で答え合わせをする」はこちらの動画をご覧ください。
三宅さん（弟）④　再生箇所9分11秒から

脳は前提に合った情報しか集めてこない

思考が現実化しているのではなく、前提が現実をつくっている以上、まず、意識する必要があるのが前提です。

なぜなら、脳は前提に合った情報しか集めて来ないという特徴があるから、です。

人は見たいものを見て、聞きたいことしか聞きません。

わかりやすい例でいうと、「ミラーレス一眼が欲しい」と思うと、その情報だけが飛び込んでくる、という経験はありませんか？「ビジネスで使えそうなバッグが欲しい」と思うと、街を行く人のバッグだけに目が行きます。「ソロキャンプ用にジムニーが欲しい」と思うと、町中、ジムニーだらけになります。

もちろん、急にジムニーが増えたわけではなく、脳が情報を集め始めるから、です。

前提も、それと同じです。「こうあるべきだ」「こうあってはならない」という思い込みがあると、四六時中、その前提に合った情報だけを集め続けます。

そして、「やっぱりそうだ」「やっぱりそうだ」と、その体験を増やし、記憶を強化し、固定観念、先入観を確たるものにしていきます。こうやって信念、信条、ビリーフを強化していくわけです。

これが自分のことになると「だって、私は××だから」というセルフイメージにつながります。

「だって、私は生まれつき胃腸が弱いから」
「だって、私は生まれつき頭が悪いから」
「だって、私は昔から人に好かれないから」
「だって、私はどこに行っても人に嫌われるから」
「だって、私は昔からお金には縁がないから」
「だって、私は異性からモテない星のもとに生まれたから」
「だって、私は長男（長女）だから」
「だって、私は早生まれだから」

すると、周りはあなたのセルフイメージに沿った接し方をし始めます。このセルフイメージは、周りのあなたに対する接し方から推しはかる必要があります。

あなたの周りにメンヘラばかり集まってくるとしたら、それは、あなたがメンヘラだから、です。

なぜか？

類は友を呼ぶから、です。セルフイメージは、言ってみれば見えない看板を背負っているようなものです。

あなたが、どのような看板（セルフイメージ）を掲げているか？　によって、そのように接してきます。「人生は前提がすべて」といってもいいでしょう。

※このセルフイメージについては、動画でも解説していますので、是非、視聴してください。

YouTube「本当のセルフイメージとは？

4　行動レベルと脳レベルの違い

行動レベルの対症療法から卒業する

左記はすべて小手先のテクニックでアプリケーションを取っ替え引っ替えしているだけです。「行動レベルの対症療法」と言います。思い当たる節はありませんか？

・ノウハウ、テクニック、方法論
・メンタル、マインドといった精神論や根性論
・集客、マーケティング、ブランディング、仕組み化
・リーダーシップ、マネジメント、コミュニケーション、会話法、営業法、コピーライティング、SEO、PPC、広告、ソーシャル、メルマガ、ブログ、ローンチ
・心理学、脳科学、量子力学、恋愛工学
・宇宙の法則、ホ・オポノポノ、引き寄せ、ザ・シークレット、オーラ、潜在意識、集合的無意識、宗教
・グラウンディング、センタリング
・パワーストーン、宝石、勾玉
・アファメーション、ツイてる、感謝、お題目

- 感情の先取り、予祝、ビジュアライゼーション
- コルクボード、コラージュ、待ち受け
- 盛り塩、風水、新月、満月
- 食事法、睡眠法、運動法
- 感情のコントロール、メンタルブロック、アンガーマネジメント
- 薬、サプリ、プロテイン、お茶、岩塩、糖質制限、グルテンフリー、ウォーターサーバー、水素水
- ファッション、メイク、カラー、コスメ、髪型、骨格、美顔器
- 整体、指圧、マッサージ
- 手相、ホロスコープ、厄年、大殺界、気圧
- 坐禅、瞑想法、呼吸法、マインドフルネス、ヨガ、催眠療法
- 歩き方、座り方、筋トレ、ストレッチ
- オーラ、香り、ヒーリング、浄化、滝業、お参り、トイレ掃除

などなど。ほんの一部ですが。私自身、このようなものに気が狂うほどお金を使ってきました。

すべて素晴らしいですし、本来は、どれも、よいことばかりです。ですから、私は一切否定しません。もちろん、西洋医学も東洋医学もスピリチュアルも、自己啓発も、本来どれも素晴らしいものです。事実、私も大好きです。パワーストーンも、いくつも愛用しています。

それにも関わらず、実際に起業して、14年間だけで4000万円以上もの自己投資をし、借金350万円からスタートした会社は14年後には借金のケタが1つ増え、マイナス3500万円になっていました。

挙句、「借金」「絶縁」「寝たきり」です。よくなるはずが、悪化していたわけです。すべて表面的な切り替え、表面的なプラス思考、行動レベルの対症療法でした。私はこれを「上澄み思考」と名付けました。まさに、上澄をすくっているだけで、表面的になぞっているに過ぎない状態です。

むしろ、思い込みが激しく、常にネガティブで思考の癖が悪かったため、悪化の一途をたどりました。

土台となる脳のOSが古くてバグってると、いくら最新のアプリケーションを取っ替え引っ替えしたところで、

・固まって落ちる
・そもそもインストールすらできない
・最後は電源すら入らなくなる

という事態に発展します。

「どうやればいいですか？」という質問はすべて行動レベルの対症療法を求める言葉です。また、「こうすればいいですよ」というアドバイスは、すべて行動レベルの対症療法を提案する言葉です。

一時的なカンフル剤、一時的なモチベーション、一時的な痛み止め、つまり、気休めにはなっても、根治することはありません。大事なのは「完治」ではなく「根治」です。一発屋のビギナーズラックでは意味がありません。根っこから、土台からやり直すことが何よりも重要です。

それには、表面的で小手先の「行動レベル」ではなく、土台となる「脳レベル」での改善が必要になってきます。上澄み思考から卒業しましょう。

「楽して簡単に」という思考が脳に最も悪い

「楽して簡単に稼ぎたい人」が多いため、世界中に「楽して簡単に改善する商品・サービス」が蔓延し、私たちは「楽して簡単に」という思考に中毒しています。

「楽して簡単に＝目先の利益を追いかける」のは貧乏人と非モテの典型です。

かつての私のように「楽して簡単に変わりたい」という馬鹿が多いから、セミナー業界、スピリチュアル業界、健康、美容業界は恐ろしいほど儲かるのです。

たとえば、

- 潜在意識の書き換え
- 宇宙にオーダー
- パワーストーン、宝石
- ジャンボ宝くじ（スクラッチ）

・神メイク
・会話テンプレ
・LINEノウハウ
・権利収入、不労所得、アーリーリタイア、セミリタイア、億り人
・聴くだけ、見るだけで、塗るだけ、飲むだけ、身につけるだけ
・風の時代、なんとかゲートが開いた
・一気に、秒で、一足跳びで、爆上げ、裏技、禁断の、奇跡の、魔法の、一粒万倍、一攫千金、一発逆転 etc…

そういうお手軽なキャッチコピーばっかりです。私も気が狂うほど、そういうものに手当たり次第、飛びついては、時間とお金と労力をドブに捨ててきました。完全に浪費し、遠回りです。

あなたも、そうやって自分と向き合わず、現実逃避をしていませんか？　楽ですよね？　だって、自分と向き合わなくていいのですから。そして引っかかります。

「潜在意識の書き換えを何十年もやってきたのに、一向によくならない」という40代、50代の女性からの相談が後を断ちません。

よくよく考えてみてください。「潜在意識」とは「潜在的な意識」のことですよね？　「潜在的な意識」だからこそ、本来、アプローチが困難なはずです。それを最も簡単に書き換えられるのであれば、むしろ、顕在的ではないでしょうか？

つまり、顕在的な部分、表面的な部分を書き換えて、あたかも潜在的な部分を土台からやり直しているつもりで気をよくしているだけです。

なぜか？　「楽して簡単に変わりたいから」です。では、40代、50代のお母さんにお聞きします。あなたのお子さんが、テスト前に勉強もせず、枕元に英語の辞書を置いて、翌朝、「お母さん、寝て起きても英語がペラペラになっていないんだけど、なんで？」と聞いたら、なんと答えるでしょうか？

小学生ならまだしも、30代、40代にも、70代、80代にもなって、本気でそれを信じてやっていたらバカです（あ、反応しましたか？　チェックしておいてください）。

でも、私たちは、自覚をしていないだけで、皆、構造的に、それと同じことをしているのです。だから、まず、「自覚」が大事なのです。

「楽して簡単に」という、その悪しき思考こそ、自ら成功も幸せも、健康も豊かさも遠ざけているのです。

楽して簡単には変わりません。そこには楽して簡単に稼ぎたい人が、あなたをカモにしているだけです。目を覚ましましょう。

あのイチローですら、「秤は自分の中にある」「前進どころか、むしろ、後退としか思えない時期もある」「それでも自分の中にある秤を見ながら、少しずつやっていくしかない」と語っています。

再生箇所26分42秒から

脳には「着実に前進している」という感覚が大事

「急がば回れ」です。

しっかり、自分と向き合って思考の癖を整えたほうが結果として、変化が大きくて早いですし、結果として時間もお金も労力も短縮できます。

脳には「着実に前進している」という感覚が大事ですので、「楽して簡単に」は、やめましょう。かえって、ロスが多いので。「楽して簡単に」というのが好きな人には、私のやり方や、本書は向きません。是非、他へ行ってください。

それで、解決すればいいですが。

また、何年も、何十年も「思い込み」「色眼鏡」「バイアス」「固定観念」「先入観」の中で生きているはずです。

だとしたら、問いかけた瞬間に思い込みに気づき、一気に、秒で、爆上げして人生が好転するなんてことはありません。

「塗った瞬間から」なんて、まやかしです。そんなものがあるわけがない。そのような商品に飛びつくなんて情報弱者にもほどがあります（はい、かつての私です）。

脳レベルでの改善は「ガチャガチャ」や「自販機」ではありません。お金を入れてボタンを押せば、その場で「ポン！」と答えが出てくるとは思わないほうがいいでしょう。

そんなに簡単に、楽して人生は好転しません。

スマホのOSのアップデートを考えてみればわかります。何年もアップデートしていないOSを更新する場合、再起動までに時間がかかります。それと私たちの脳のOSも同じです。

その上で、お伝えしますが、「一気に、秒で、爆上げ、ミラクル、一攫千金、一発逆転、一粒万倍、風の時代、何とかゲートが開いた、聞くだけ、見るだけ、塗るだけ、飲むだけ、身につけるだけ」といった、そういうお手軽で何の解決にもならない、くだらないノウハウ、テクニック、方法論、メンタル・マインドといった精神論や根性論のセミナー、コンテンツに手を出して借金が増えるくらいなら、自分と向き合って問いかけたほうがはるかに有益ですし、長い目で見れば、あなたの財産になります。

さらに、あなた以外の人にもよい影響を与え続けることができます。なぜなら、

・お金がかからない
・場所も選ばない
・いつでもどこでも1人でできる
・しかも、根本的な解決になる

という理由からです。脳は一生、無料で1人で楽しめるゲームのようなものです。

「そんなに簡単に、楽して人生は好転しません」と言いましたが、それでも、私のように絶望的にこじれまくっていた人間ですら、2～3か月もすれば、どんどん人生が好転します。

私ほど、こじれている人に出会ったことがありません。

「2～3か月も待てない？」

では、退職金を叩いて、借金をしてでも、あるいはクラウドファンディングで1億円でもかき集めて、死ぬまで「魔法使い」を世界中を探してください。見つかればいいですが。

本当のあなたは最初から答えを知っている

「見るだけ」「聴くだけ」「飲むだけ」「塗るだけ」「身につけるだけ」「～するだけ」

そんな甘い動画を見たり、本を読んだり、商品を買ってもあなたの人生がよくなることは1㎜も

ありません。なぜなら、私がそうだったからです。断言します。そのようなものは、この世に存在しません。

結果は、3500万円以上の借金と負債を抱え、身内と絶縁し、最後は寝たきりになりました（アホです）。

私が遠回りをして、あなたの先回りをしておきました。あなたは、もう、私みたいにアホな自己投資をする必要は一切ありません。もう、これ以上、時間とお金と労力をドブに捨てないでください。あらゆる業界の商品・サービスを受け、買い漁ってきました。今となっては、そこには物事の本質はなく、すべてノウハウ、テクニック、方法論、メンタル・マインドと言った精神論・根性論でした。

表面的なプラス思考、表面的な書き換え、表面的な切り替え、一時的なモチベーションに過ぎません。

1～2週間もすれば、また、いつもの自分に戻ってしまいます。

どんなに高額なセミナーに参加しようが、どんなに有名な起業塾に入ろうが、どんなに有名なコンサルタントの個別コンサルを受けようが、一時的な成果に過ぎず、やめた途端に、また、以前の自分に戻ってしまいます。

なぜか？　本質ではないから、です。根っこに辿り着いていないからです。

以前は、

「まだ、自分の努力が足りないのでは？」

「まだ、自分の行動が足りないのでは？」

「まだ、自分のメンタルが弱いからか？」

「もっと、すごいノウハウがあるのでは？」

「もっと、すごい実績の先生がいるのでは？」

と、思い、必死に努力しつつも、「奇跡」を信じ、外に答えを求め続けていました。「お金を払って誰かにお願いすれば、いつか誰かが何とかしてくれる」と思っていました。それが、当たり前であり、それが正しいと信じて疑わずにいたのです。


どこかの真ん中で「助けてくださーい」と叫び続けていました。うら若き乙女のように「青い鳥」を探し、「白馬の王子様」を待っている状態です。砂漠で蜃気楼を追いかけるようなものです。つまり、幻想です。

「灯台下暗し」と言いますが、答えは自分の足元、いえ、自分の中にあったのです。厳密に言うと、耳と耳の間、つまり、「脳」です。

もう、あなたは、これ以上、必死に外に答えを求め続ける必要もありません。これ以上、遠回りをする必要がないのです。

脳は最初から答えを知っています。本当のあなたは最初から答えを知っています。ただ、あなたの脳に問いかけ、本当の自分との対話を通して、自分だけの答えを見出すだけ、なのです。

お金もかかりませんし、場所もとりません。ただ、自分に問いかけるだけです。

答えはあなたの中にあります。答えはあなたにしかわかりません。

さあ、問いかけましょう。自分で自分の答えに気づくまで。

エビデンスを求めているうちは何も変わらない

このようなコメントやお問い合わせをよくいただきます。

「エビデンスを出せ!」「納税証明を見せろ!」「私にもできますか?」「私もよくなりますか?」「逆に、よくならないケースはありますか?」「助けてください」といったものです。

残念ながら、今の思考のままでは、死ぬまで（いえ、死んでも）人生を変えられません。なぜか?

この時点で、すでに依存しており、他人に期待し、自分で自分の人生の責任を負う気がないからです。

答えはあなたの中にあり、あなたにしかわかりません。だとしたら、「私にもできますか?」と聞かれても、「あなた次第です」としか、言いようがありません。

突き放しているわけでも、責任逃れをしているわけでもありません。むしろ、誰かに期待し、依存している間は、収入も健康も恋愛も人間関係もよくなることは一向にありません。

おそらく、あなたは、これまでも、誰かに依存し、保証を求め、確約をしてもらい、成果がでないと誰かに、何かに責任を押し付けてきたのでしょう。

不景気のせい、親のせい、先生のせい、学校のせい、環境のせい、時代のせい、男のせい、女のせい、世の中のせい、地域のせい、自治体のせい、国の政策のせい、国のトップのせい、経営者のせい、上司のせい、先輩のせい、同僚のせい、部下のせい、後輩のせい、事務のせい、営業マンのせい、取引先のせい、顧客のせい、夫のせい、妻のせい、子どものせい、ペットのせい、彼氏のせい、コンサルタントのせい、カウンセラーのせい、講師のせい、にしてきたのでしょう。

他でもなく、私がそうだったのです。

そもそも、エビデンスなんて関係ありません。「あなたが本当に変わる気があるか？」それだけです。それでも、エビデンスを求めますか？　私とクライアントの変化が、すべてです。これ以上のエビデンスがありますか？

もし、前例がないなら、あなたが前例になればいい。

あなたが私を信じようと、信じまいと、私が困ることは一切ありません。でも、あなたが堂々巡りをし、ここで変わらないことで、大切な誰かを待たせていませんか？

「お願いですから変わってください」とあなたにお願いする人は1人もいません。義務教育でもなければ、宗教でもありません。あなたが変わろうと、変わるまいと、あなたの自由です。

それでもエビデンスがほしいのであれば、病院へ行って、お金を払って薬をもらってください。救ってもらいたいのであれば、宗教へ行ってお布施をして説法を聞いてください。それで、問題が解決すればいいですが。

私も世間もあなたのお母さんではありません。

自分で自分の責任を取る。そのために、自分で決断し、自分で前進する。自分で決めて、自分でやっていくのです。それ以外に人生を切り開く術はありません。

これ以上、答えを外に求めず、言い訳をせず、自分と向き合い、自分に問いかけ、深掘りし、人生を変えましょう。

5　自分との信頼関係を取り戻し、自信をつける脳の動かし方

被害者ヅラをやめる

自戒を込めて言います。

もし、あなたの人生が破綻しかけているのであれば、これまでの人生、常に誰かに、何かに責任を押し付け、被害者ヅラをして生きてきたはずです。

そして、思うようにいかないと「金を返せ!」「約束が違う!」「何とかしろ!」と迫り、相手が応じないと「知り合いにヤクザがいる」「消費者センターに訴えてやる」「弁護士に相談する」「今から乗り込む」と脅してきたのでしょう。

もしくは、「死ぬ死ぬ詐欺」をしてきたかもしれません。

すべて他人任せ、責任転嫁、依存体質、被害妄想で、ハシゴしてどこへ行ってもそれを繰り返し

ている わけです。

・自分探しの旅をしている
・青い鳥を探し続けている
・堂々巡りをしている

それで、人生はよくなりましたか？　経済的にも精神的にも豊かになりましたか？　本当に幸せになっていますか？　なっていないはずです。

その思考のうちは病気がよくなることも、収入が増えることも、異性からモテることも、人生がよくなることもないでしょう。

リア充をアピールし、成功者のフリをし、キラキラした自分を演じる一方で、病気のデパート、借金まみれ、家庭崩壊という女性も少なくありません。

いずれ、メッキは剥がれ、信頼を失います。それも時間の問題でしょう。

なぜなら、あなたのその古くてバグった脳のＯＳが、そのような現実をつくり続けてきたのです。誰のせいでもありません。あなたのその思考の癖のせいです。

あなたの「思考の癖」と「あなたの人格」は関係ありません。私はあくまでも今のあなたの思考の癖を指摘しているだけで、あなたの人格までを否定するつもりは一切ありませんので、誤解しないでください。

私は魔法使いでもなければ、神様でもありませんし、あなたのお母さんでもありません。

あなたの中に答えがある以上、あなたが自分でその答えを見出し、自分で自分の人生を切り開くしかありません。そのために脳のOSを土台から変えるつもりがありますか？

もし、その気がないなら無理にこれ以上、読み進める必要はありません。時間の無駄です。なぜなら、義務教育でもなければ、宗教でもないからです。

もう一度言います。

あなたに「お願いですから変わってください」とお願いする人はいません。耳障りの甘い言葉を言っても意味がないので最近は「私にもできますか？」という人には「あなたには無理でしょうね」とハッキリ、お断りしています。

やるのも自由、やらないのも自由です。私は何も否定しませんし、何も押し付けません。「お墨付きがほしい」「確約がほしい」「保証がほしい」、このような人は、自分で何も決められず、自分で何の責任も取れない人です。

まずは、その自分を卒業し、脳のOSを土台から変え、人生を変えましょう。

半信半疑の正体

「脳の使い方に興味がありますが、半信半疑です」というメッセージを時々、いただきます。相手は自分の投影だとしたら、その相手を信じられないというのは、どういうことだと思いますか？

・相手は自分

・自分が選んだ相手を信じられない

つまり、自分を信じられないのです。

たとえば、あなたが選んだ恋人がいたとします。その相手を信じられない、というのは、実はあなた自身を信じられない、ということを意味します。なぜなら、その相手を選んだのはあなた自身ですから。自分の判断を信じきれないわけです。

相手の人格、相手の言動、相手の情報は一切関係がありません。

「本当にこの人で大丈夫かな？」「なんで、こんな人と付き合っちゃったんだろう」「なんで、こんな人と結婚しちゃったんだろう」

単にあなたがあなたのことを信じられないだけ、です。

同様に「脳の使い方を信じられない、信じきれない、半信半疑」というのは、私の人格やスキル、実績、情報とは一切関係がなく、実はあなた自身の問題ということがわかるでしょうか？

自分で自分を信じられない、これが、半信半疑であり、自信がない状態と言えます。どんなにこちらがエビデンスを提示しようが、意味がない、ということになります。

「半信半疑」「自信がない」「自分で自分を信じられない」

そこには何かネガティブな過去の感情が潜んでいます。ネガティブな過去の記憶にアクセスしている状態です。直接的に言ってしまうと、「自分との約束を破り続けてきたことで、自分自身を信じられなくなっている」ということです。

そして、自分との約束を破り続けると人は病気になります。

言い換えると、自分との約束を守ることで、自分との信頼関係を構築できれば、次第に自分を信じられるようになります。

相手は自分の投影ですから、

・自分を信じられる
・自分を好きになれる
・自分を大事にできる
・自分を尊重できる

←

・相手を信じられる
・相手を好きになれる
・相手を大事にできる
・相手を尊重できる

ということになります。これが自尊心であり、自信につながります。

「半信半疑」の状態では何をやっても、うまくいきませんので、私のサービスに限らず、有料のコンテンツや塾、グループコンサルや個別セッションもやめておきましょう。

結果が出なかったときに「今回もダメだった」「自分は何をしてもダメだ」と自己嫌悪に陥り、

さらに自信を失い、自己肯定感をさらに下げ、落ち込むだけです（あるいは人のせいにします）。
まずは、少なくとも自分で自分を信じられるようになるまで、お金をかけずに、自分でやってみましょう。

自分との信頼関係を構築する具体的な脳の動かし方

どうして、自分を好きになれないのか？　自分を大事にできないのか？　自分を信じられないのか？

自分との約束を破り続けてきたから、です。

別の表現をすると、「自分を犠牲にしてきた」「自分を後回しにしてきた」「自分を押し殺してきた」「自分を閉じ込めてきた」「自分の感情に蓋をしてきた」から、です。

そして、自分との約束を破り続けると人は病気になります。

まずは、自分との約束を守ることから、始めましょう。自分との信頼関係を取り戻す、あるいは、自分との信頼関係を構築していくことが大事です。

私は必死にお金を追いかけるあまり、自分を犠牲にしてきました。

金の亡者になり、拝金主義になり、それでも尚、お金に魂を売り続けて、人が諭吉にしか見えなくなりました。自分も他人も信じられなくなり、お金しか信じられなくなったのです。

そして、借金は増え、誰もいなくなり、寝たきりになりました。

ここで大事なポイントとして「本当の自分の欲求を満たす」ということです。

一見、簡単に見えますが、最初は、これすら難しいかもしれません。なぜか？　「本当の自分の欲求がわからなくなっているから」です。

たとえば、私の場合、トイレを我慢していました。仕事中、メルマガを書いているときに、「トイレに行ってスッキリしたい」と思っても、「タイム・イズ・マネー」「メルマガを1発出せば、売上がいくら上がる」「トイレになんて行っている場合じゃない」「機会損失になる」と思い、トイレを我慢している自分に気づきました。

これはほんの一例にすぎませんが、朝起きてから、夜寝るまで、すべて「お金優先」に動いており、本当の自分の欲求をすべて後回しにしていたのです。

「え？　そんな些細なこと？」と思ったかもしれません。はい、こんな些細なことから、です。

- 寝る時間
- 起きる時間
- 食べる時間
- 食べる物、食べる量、食べる場所、食べる相手
- 着る物
- お風呂に入る時間、出る時間、お風呂の入り方、お風呂の環境
- 寝る環境、寝る時の格好、寝る前の時間の過ごし方

など。

あなたも、自分の欲求を後回しにしたり、自己犠牲や、義務感、責任感だけでやっていませんか？忙しいから、お金がないから、などを理由に。

主婦の場合、「座ってお茶を飲む時間すらない」という女性もいます。

具体的な表現としては、「～しなきゃ」「～べき」「～であってはならない」「まだ～でない」「～になってから」など、これらの思考パターンは「苦痛系」と言われる思考の癖で、ストレスホルモンにより、内臓がダメージを受け、病気になります。

私もそうでしたが、これが続くと内臓だけでなく、脳にダメージを受け、若年性アルツハイマーにもなりやすくなります。

一度、時間をとって、朝起きてから夜寝るまでのすべての動作を点検してみることを強くオススメします。

本当の自分の欲求を満たすポイント

次に、具体的に本当の自分の欲求を満たすポイントを解説します。

①「正しいか？　正しくないか？」ではなく「楽しいか？　どうか？」で判断する

「正しいほうではなく、楽しいほうを選択する」ということです。

②「できる、できない」ではなく、「やりたいか、やりたくないか」で判断する

③周りの評価・リアクション・好感度（いいね・コメント）は一旦置いておく

「自分がやりたいかどうか」で判断する。

④「お金になるか？　ならないか？」は一旦置いておく

「自分がやりたいかどうか」で判断する。

大きく、この4つです。根底には「自分がやりたいからやる」という部分で共通しています。

①の「正しいほう」を選び続けると、義務感だけでやり続けることになり、そこに楽しみや喜びを感じなくなります。いずれ苦痛になります。

責任感も大事ですが、「責任感だけ」でやり続けると苦痛になります。

「アリとキリギリス」の童話がありますが、現実世界では、アリは一生、アリのままです。後回しにしている限り、自分の楽しみや喜びは一生、手に入りません。

「止まったら死ぬ」という感覚に陥り、一生、泳ぎ続ける「マグロ人間」になります。

②の「できる、できない」で判断すると、できることしかやらなくなるため、選択の幅が狭まり、可能性が狭まります。そして、人生が消去法になっていきます。

③の「周りの評価・リアクション・好感度（いいね・コメント）」を意識しすぎると、人の顔色ばかり伺い、自分らしく生きられなくなります。周りの評価・リアクション・好感度（いいね・コメント）はあくまでも結果論です。結果に過ぎないものを追いかけることで目的がズレ、堂々巡りしてしまいます。「達成感」や「充実感」「幸福感」「満足感」「ワクワク」といった「〜感」なども

すべて結果論であり、後から勝手についてくるものです。

④「お金になるか、ならないか」で選択すると、「儲かるものはやる」「儲からないものはやらない」となり、生きる喜びが感じられなくなります。お金は手段にすぎませんので、手段が目的化し、堂々巡りの無限ループから抜け出せません。

また、④がエスカレートすると、人がお金にしか見えなくなります。お金も異性も追いかければ追いかけるほど逃げていくという性質があるため、人もお金も離れていきます。そもそも、エゴであり、「生きる目的」ではありません。

夜職（キャバ嬢、風俗嬢）ほど自己肯定感が低い理由（女性の幸せは20代で決まる）

キャバ嬢や風俗嬢といった、いわゆる「夜職」の20代の女性からのご相談も増えていますが、そこから気づいたことがあります。それは、キャバ嬢も風俗嬢も自己肯定感が低い女性が多い、ということです。これはホストも同じで、夜職に限らず、芸能関係も然りです。

「え？　坂庭さん、自分に自信があって自己肯定感が高いから、そのような仕事をしているんじゃないですか？」と言われますが、実はそうでもありません。もちろん、ローランドさんのように自分に自信があるから、輝いている方がいるのも事実ですが。

キラキラした世界に憧れる人は「愛されたい」「嫌われたくない」「褒められたい」「認められたい」「必要とされたい」「チヤホヤされたい」「自分の居場所がほしい」「注目を浴びたい」「目立ちたい」

という欲求が強いという傾向があります。

私自身、小学校高学年から中学時代まで、芸能界に憧れていましたが、今振り返ると、まさに、その感覚でした。

また、同じ20代で自己肯定感の低い女性でも、お酒が好きで喋るのが得意な女性はキャバクラで働き、コミュ障の女性は風俗で働く傾向があります。

なぜなら、風俗の場合、喋らなくてもプレイでお金を稼ぐことができるからです。といっても、高級店になればなるほど、求められるものが多いため、コミュ障の女性の場合、高級店で働けず、単価の安いお店に在籍するケースもあるようですが。

キャバ嬢の場合、他のキャストと比較し、バチバチしながらお金を稼ぎ、稼いだお金を美容整形に突っ込み、さらに上を目指してバチバチを繰り返します。堂々巡りです。次第に疲弊し、鬱状態になるため、最近ではＯＤ（「オーバードーズ」と言って、薬の過剰摂取）の女性も増えています。あるいは、高級風俗店で稼いだお金を毎月、１００万円以上をそのままホストに貢ぐ女性もいます。ここでも堂々巡りです。

高級風俗店で働く女性の中にはお金に困っていない方も多数います。実際にご相談にくる女性の中には月に数回しか出勤していない女性もいます。

私は、そもそもお金のためだと思っていたので不思議に思い、「え？　では、何のために夜職をしているんですか？」とお聞きしたところ、「『キレイだね』『可愛いね』『オシャレだね』と言ってもらえるから、その一言のためだけにズルズル続けていてやめられません」という女性も少なくありません。

高級風俗店で働く女性を見たことがあるでしょうか？　私に言わせれば「モデル以上にモデル」です。それでも自己肯定感が低く、承認欲求が低い女性が少なくないと知って、驚きました。

私は知り合いに風俗店のオーナーが2人ほどいるので業界の裏側も、ある程度、把握していますが、たいていの女性が2～3か月でやめてしまうそうです。仮に続いても1年以上も薬を飲んでいる女性もいると聞いています。

それだけ精神的にも肉体的にも負担が大きいのでしょう。

ところで、風俗店のオーナーによると、風俗やAVで働く女性の場合、母子家庭のケースも多いと聞いており、実際にご相談いただく女性の多くが「母親と2人暮らし」あるいは「父親がいない（離婚または死別）」です。

実は夜職やモデル、タレント、グラビア、インスタグラマーのようなキラキラした世界に憧れて「もっともっと」と熱くなる女性の多くが、自己肯定感が低く、「いいね」や「コメント」の数で承認欲求を満たし、自尊心を保っているケースが多いのです。

その一方、有名になればなるほど、「周囲の目が気になる」「自由に表を歩けない」「素の自分を出せる相手がいない」「本当の自分として生きていない」「自分でもどうしたいかわからない」などの悩みが生じ、「親もプロダクションのコンプライアンスも厳しくて自由に恋愛もできない」というストレスを抱えている女性も増えています。

例えば、

・「両親との問題、旦那さんとの関係、家事と子育て、仕事のフラストレーションで爆発しそう」という有名女優。

・「彼氏と体の相性が合わず、欲求不満でおかしくなりそう」というダンサー。

・「信頼していたお客さんに騙されて借金を背負わされ、人間不信になって死ぬ場所を探している」という銀座の元No1ホステス。

・「風俗の仕事を20代でやめる予定が30代になってもズルズルと続けていて、自分でもどうしたらいいかわからない」という高級風俗嬢。

・「稼いだお金を毎月150万円以上、ホストに貢いでいて、精神的に不安定で薬を大量に飲んでいる」というキャバ嬢。

・「フォロワー数が70万人以上でキラキラ仕事をしていても、自分に自信がなく、コンプレックスの塊で人に会うのが怖い」というモデル。

このような女性も増えています。皆さん、思考の癖を整えることで、メンタルを整えることができます。もちろん、本書に書いたことを自分でやるだけです。

特に東横キッズと呼ばれる若者は心の闇が深いです。歌舞伎町のガールズバーで働く若い女の子に至っては「両腕がリストカットの跡だらけ」という子も少なくありません。

「生まれてからでは遅すぎる」と言われています。思考がこじれた20代の女性が結婚して、身籠ってからでは遅すぎます。

精神的にも体力的にも20代は若さだけで乗り切れてしまう世代です。だからといって、こじれた脳のOSを放置しておくと、30代でグズグズの人生に突入し、40代に入ると「借金、絶縁、寝たきり」が待っています。

今の40代、50代の女性が、それで苦しんでいる人が非常に多いですから。母親の思考がこじれていると、その子どもも胎児の段階でこじれ、産まれてから、さらに親、学校、社会から刷り込まれて、こじれまくります。

あとは私のように悪化の一途です。生まれた瞬間から脱洗脳が必要です。

だからこそ、1人でも多くの20代の女性、そして男性にも本書を手に取ってもらいたいと切に願っています。

動画でもあえて過激なタイトルで「女性の幸せは20代で決まる」と謳っていますが、もちろん、何歳からでも人生を立て直すことは可能です。

可能ですが。

「何歳からでも人生を立て直すことはできますから安心してください」と言っていたら、おそらく、20代の女性には刺さらないでしょう。

啓蒙する意味で、あえて、そのような過激なキャッチフレーズを使っていることをどうぞご理解ください。

そして、もし、これを読んでくれているあなたに20代のお子さんがいたら、是非、一緒に脳の使い方を変えてみてください。

ところで、「女性の幸せは20代で決まる」というキャッチフレーズに反応した50代の女性もいらっしゃいました。

まず、自分で反応していると気づくことが第一歩ですが、ある女性は、個別カウンセリングのときに「坂庭さん、私は自分では日頃、女は50歳からと言っていましたが、坂庭さんの『女性の幸せは20代で決まる』というフレーズに反応している自分に気づきました。私、表面的なプラス思考で口先だけだったんですね……」と。

「反応している自分に気づく」つまり自覚が第一歩です。

「自覚がない⇩自覚する⇩頭で理解する⇩腑に落ちてわかる」

このような経緯を辿りますが、多くの方が表面的な切り替えで「わかった気」になっているだけで、腑に落ちていません。「考えるな、感じろ」です。腑に落ちるまで自分と向き合い、問いかけていきましょう。

20代で夜職の女性専門のご相談サービスはこちらをご覧ください。

ヒーリングサロン「IMARU（いまる）」

https://www.imaru.salon　※下記のＱＲコードからアクセスできます。

2章　人生を激変させる脳の使い方

1　バケツの穴を塞ぎ、マイナスをゼロに戻す

まず、バケツの穴を塞ぐ

脳の使い方を身につける前に、バケツの穴を塞ぐことが最優先です。プラスにする前にマイナスをゼロに戻すイメージです。

どんなに上質なサプリやプロテインを飲んでも、下痢をしていたらダダ漏れですから、栄養が消化・吸収されません。それと同じです。

バケツの穴を塞ぐポイントは2つあります。

①情報を遮断する

②「ない」ではなく、「ある」に意識を向ける

この2つです。

私たちは、テレビ、新聞、雑誌、ソーシャルなどのメディアを通して、常に「ない」を植え付けられ、欠乏感、渇望感を煽られています。さらに恐怖、不安、焦りを刷り込まれ、増幅、拡大されています。

これが広告宣伝であり、マーケティングであり、ステマであり、プロパガンダであり、洗脳です。

バケツに穴が空いている状態どころか、その穴が拡大し続けていると思ってください。生まれて

から、いいえ、胎内にいる時から、ネガティブな刷り込みを延々とされている状態です。

言い換えると、ネガティブな刷り込みによって、無自覚に死ぬまで洗脳されている状態です。これこそが、「思い込み」であり、先入観、固定観念、色眼鏡、バイアスです。

「思い込みに気づく」とは、いわば、「脱洗脳」です。「問いかけて、気づいて、やめる」ことは、日々、自分で自分を縛り付けている呪いの言葉から自分を解放する「脱洗脳」だと思ってください。

まず、日常的にアクセスしているネガティブな情報を遮断すること、です。

・YouTube の視聴履歴
・Instagram
・X（旧 Twitter）
・買い漁っている書籍のジャンル（本棚、Kindle、PDF ファイル、コンテンツ）
・閲覧しているブラウザの履歴

などの「保存」や「履歴」をすべて点検してみましょう。それらをすべて疑ってみることが大事です。その上で、「そこにはどのような思い込みがあっただろうか？」と問いかけてみてください。インフルエンサーや権威の言葉に踊らされ、脳がこじれ、バケツに穴が空き続けています。それらの情報を遮断することで、バケツの穴を塞ぐことが最優先です。

私も、まず、ここから始めました。

①に関してはこちらの動画も併せて活用してください。

YouTube「借金・絶縁・寝たきり…人生のどん底から抜け出す3ステップ」

②に関してはこちらの動画も併せて活用してください。

YouTube　執着を手放し、欠乏感・渇望感・不足感の負のスパイラルから抜け出す方法（悪用禁止・脱洗脳・仕組まれた世界）

学ぶ＝新たな刷り込み

学ぶことに意味はありません。むしろ、よくも悪くも「学ぶ＝新たな刷り込み」ですので、脳がこじれている間は、学べば学ぶほど悪化していきます。だからこそ、勤勉な人ほど、こじれていき、メンヘラ、非モテ化していく傾向にあります。

学べば学ぶほど、刷り込まれていきます。大事なのは知識を詰め込んで「学ぶこと」でなく、「気づいて変わること」です。つまり、パラダイムシフトです。

パラダイムシフトなくして、ブレイクスルーはあり得ません。

そもそも、「学ぶ目的」はなんでしょうか？「学ぶ」ことは目的ではなく、手段です。知識欲を満たし、賢くなった気になり、満足している時点で目的がズレています。

心理学を、学んでいる時点でズレています。もはや、学ぶことは何一つありません。今の時代、計算すら自分でする必要がありません。

私たちは、母親の胎内にいるときから、10か月以上もの間、母親の内的会話といって、内側でグルグルしている言葉を聞き、外側の声も聞き、母親のストレスパターンをすべてインストールします。

さらに、帝王切開、無痛分娩、逆子など、すべて影響していると言われています（例えば、逆子の場合「出てきたくない」という自己表現です）。

必然的に母親がこじれていると、こじれた子どもが生まれ、こじれた人生を歩むことになります。

正直、生まれてからでは遅すぎます。生まれてからも、親からの刷り込み、学校教育による刷り込み、社会からの刷り込みでこじれまくっていきます。悪化することはあっても、放っておいて、よくなることはありません。虫歯と同じです。

極端な話、学ぶことよりも、生まれた瞬間から脱洗脳が必要です。

時々、動画にこのようなコメントをいただきます。「どうして、坂庭さんは脳ってわかったんですか？」この質問をしている時点で目的がズレています。

車を運転するのにエンジンの仕組みを知る必要がありますか？　つまり、その時点で、脳に行き着いたプロセスを学ぼうとしているわけです。脳の使い方を知ることではなく。

「気づいて変わること」ではなく、「知識を詰め込むこと」「新しい言葉を覚えること」「学ぶこと」が目的になってるということです。しかも自覚がない。

このような人は「お勉強が大好きなタイプ」です。そして、頭でっかち、屁理屈野郎、理屈バカ、小利口で、1番、成果が出ないタイプでもあります。かつての私です。

よくも悪くも「学ぶ＝新たな刷り込み」です。

脳のOSが古くてバグっている間は、学べば学ぶほど、こじれますので、学んでいる間は、バケツの穴が拡大し続けていると言ってもいいでしょう。

まず、情報を遮断し、学ぶことをやめ、バケツの穴を塞ぐことです。プラスにする前に、マイナスをゼロに戻すことです。「思い込みに気づく」や「手放す」なんて、もっとずっと後の話です。

「事実は1つ、解釈は無限」は本当か？

私はよく「脳は無尽蔵」と言っていますが、その理由を解説します。

その前に、潜在意識や自己啓発の世界では「事実は1つ、解釈は無限」と言われます。では、なぜ、あなたの解釈は無限にならないのでしょうか？

一言で言うと「思い込みがあるから」です。思い込みが激しいと、何でもかんでも、全部、そこに結びつけちゃう。全部、こじつけちゃう。という状態です。

盲点は盲点ゆえに自分では見えませんし、気づけません。周囲からすれば何の関係もないことが、本人にとっては関係があることとして強力にアンカリング（紐づけ）されています。

もし、解釈が無限であれば、今、あなたは困っていないはずです。

実は、思い込みが激しいと、一択、せいぜい、二択しか浮かばない、という状態になります。「やるか？　やらないか？」もしくは、せいぜい、「よく検討する」です。検討したところでよくなることはありません。

コップに入った水をイメージしてみてください。

「飲んだら減っちゃう」と思っていると、「飲まずに取っておこう」この一択になり、飲んだら自己嫌悪になります。

「飲みたい」⇅「飲んだら減っちゃう」

アクセルとブレーキを両方踏んでいる状態です。これを二重拘束状態（ダブルバインド）と言いますが、これでこじれていきます。

お金も然り。

「使ったら減っちゃう」⇩「貯金しよう」この一択です。そして、使ったら自己嫌悪に陥りますので、「使いたい」⇅「使ったら減っちゃう」

この二重拘束状態（ダブルバインド）と言いますが、これで、悪化していきます。

ところが、思い込みが外れると、

「こうとも言えるよな？」

「こんな方法もあるよな？」

「こんなアプローチの仕方もあるよな？」

「こんな解釈もあるよな？」

「こんな方法もあるよな？」

と、思考が柔軟になってきます。「頭が柔らかい状態」です。すると、解釈が無限になり、選択肢が増えていきます。

①解釈が無限になる

←

②解釈が無限ということは選択肢が無限になる
←
③選択肢が無限ということは手段が無限になる
←
④手段が無限ということは解決策が無限になる
←
⑤解決策が無限であれば、解決しないわけがない

このような流れになるわけです。私が「脳は無尽蔵」という理由は、まさにここにあります。

解釈が無限になる具体例

例えば、地元でガソリンを入れようとした場合に、たいてい、行きつけのスタンドでポイントカードをつくります。また、仕事に行く前、あるいは、仕事の帰りなどパターンが決まってきます。

すると、「仕事の帰りに左側にある、あのガソリンスタンドで入れる」という習慣ができます。ところが、これで行動が固定化してしまうと、他のガソリンスタンドで入れる、他の店舗で入れる、という発想がなくなってきます。

「あー、帰りにガソリンを入れ忘れた！」と。

ところが、ガソリンスタンドなんていくらでもありますし、その店舗である必要がありません。

そもそも、「スタンプを貯めること」が目的になると、目的がズレてしまいます。

本来の目的は「ガソリンを入れること」だったはずです。そこに気づくことによって、「ガソリンスタンドだらけ」になり、一気に選択肢の幅が広がります。いつでも、どこでも入れられます。

銀行のATMも然り。

「A銀行のB支店で通帳記入する」がルーチンになると、それ以外の支店が目に入らなくなることがあります。

ところが、あるとき、ショッピングモール内やホームセンターの駐車場の一角にATMコーナーを見つけることによって、初めて、「え!?　こんなところにあったの!?」と気づきます。

当然、他の支店でも、通帳記入くらいできるわけですが。そうなると、一気にATMだらけになります。

このように1つの思い込みに気づくことで、一気に選択肢が広がることがあります。まるで、映画「モーゼの十戒」のように「ズバッ」と道が開ける感覚といったらいいでしょうか。

思い込みが激しいと一択になる

逆に、選択肢が狭まるケースをご紹介します。このような40代の男性がいました。

「昔から、女性に嫌われる」というご相談を受けたことがあります。職場でも女性スタッフと折り合いがつかず、どこへいってもトラブルになる、と。

具体的に掘り下げることで学生時代まで遡ると、「予備校で女子のグループと目が合い、悪口を言われたことがきっかけ」とわかりました。経緯をお聞きしたところ、このようないきさつがありました（この男性をSさんとします）。

Sさん「気に入った女の子がいたのですが、そのグループの子から『××ちゃんは、あなたのこと好きじゃないって』と言われたんです。その後、そのグループの子が私のほうを見て、悪口を言っていました」

坂庭「具体的に、どんな悪口を言われたんですか？」

Sさん「具体的にはわかりません」

坂庭「どうしてですか？」

Sさん「目が合ったので、多分、私の悪口を言っていたんだと思います」

坂庭「目が合っただけで、ですか？」

Sさん「はい」

坂庭「では、どうして悪口だとわかったんですか？」

Sさん「いえ、目が合ったからです」

つまり、事実は「振られた子のグループと目が合っただけ」です。この事実に対して、「目が合った＝悪口を言っている」という思い込みを始めたわけです。もっと言うと、「好きじゃない」と言われただけであって、「嫌い」とまでは言われていません。

この思い込みを他でも持ち出し、「自分は女性に嫌われる」という前提（セルフイメージ）をつくり、その前提を強化し、次第にブースト（拡大・増幅）した結果、「女性は自分の悪口を言う」「女性は敵だ」と思うようになったのです。

この男性の場合「女性と目が合った＝自分の悪口を言っている」という一択になっていました。前提とは信念、信条、ビリーフ、先入観、固定観念、色眼鏡、バイアスと同義です。

女性を敵だと思っている間は、当然、異性からモテません。いくら口では「モテたい、モテたい」と思っていても、心の奥で異性を敵視している以上、遠ざけたり、排除したり、戦おうとしてしまうのです（これはお金に対するネガティブな感情も然りです）。

このように思い込みで思考が凝り固まっていると、一択、または、せいぜい、二択に縛られ、事実は1つ、解釈も1つになってしまいます。

「飲んだら減っちゃう」「使ったら減っちゃう」「不景気だから仕事に困る」「コロナで収入が減る」「固定給だから収入は増えない」「人の体は口に入れたものでできている」「私は生まれつき体が弱い」すべて1つの事実に対して、解釈も1つの状態ということがわかるでしょうか？

また、「事実と解釈を分けて捉える」ことが大事です。たとえば、相手がミスをしたことと相手の人間性とは一切関係がありません。これを「人として！」と人格まで否定すると人間関係にヒビが入ります。

メンヘラほど、「外部の情報」と「人格」を重ねてこじれさせますので要注意です。

2　人生を変える具体的な脳の使い方

自分の感情の動きにフォーカスする

自分の思い込みに気づく、基本的なやり方をお伝えします。
相手の言動ではなく、自分の感情の動きにフォーカスする、ということです。
例えば、YouTube、本、メルマガ、他人の言動に対して、

・イライラする
・腹が立つ
・ムカつく
・キレる
・余計なお世話なのにツッコミを入れている
・匿名でネガティブなコメントをしている

などをしていると思います。

つまり、反応しているわけです。では、ここで反応している理由は何か？　ということです。反応するというのは、何か根っこがあって、引っかかることがあるから、反応しているわけです。忘れないうちに、そこを常にメモ（ピックアップ）しておき、後ほど時間を確保して、根っこに行き

着くまで、深掘りすることが大事です。

私がしていることは、基本、これだけです。「魔法のワーク」のような特別なことは何もしていません。

反応する＝ネガティブな感情がある証拠です。

いちいち反論してくる人がいます。言い換えると、その都度、反応している証拠です。「否定する」「被せてくる」「話を遮る」など。その都度、反応する人ほど、こじれています。脳が整うと、反応しなくなる、つまり、反論しなくなります。

「ふーん、そうなんだ」「そういう考えの人もいるんだ」「そういう価値観な人もいるんだ」で、終わり、です。

・反論
・クレーム
・モンスター
・煽り運転
・すぐにキレる

あるいは、犯罪なんて、最たる例です。脳がこじれていると、遅かれ早かれ、警察沙汰、裁判沙汰、病院沙汰になり、自殺か他殺かは別にして、最終的には「不幸な死」に至ります。

私の場合、1日を振り返り、自分にとって、一見ネガティブに思える出来事をメモ帳に書き、「ここにはどのような思い込みがあるかな？」と問いかけます。

これだけです。

お金もかからず、場所もとりません。いつでも、どこでも、誰でも、1人でできます。逆に、こんな簡単なことすらできない人が、いくら書籍を買い漁ろうと、ウェビナーに参加しようと、コンテンツを買い漁ろうと、グループコンサルに申し込もうと、高額な個別コンサルを受けようと無駄です。

私が言う「簡単」というのは、「一瞬で、一気に、爆上げ」という意味ではありません。構造がシンプルで、誰にでもできる、という意味です。

逆に、お金がなくても、寝たきりでも、意識さえあれば、今、この瞬間から、あなたもできますよね？　だとしたら、「変われない言い訳」をする前に、自分でやりましょう。セミナーやコンサルなんてものは、もっと、ずっと後です。

人生を変える、たった1つの方法

結論を言います。本書の結論ではなく、人生の結論です。

あなたの人生を変えるには、自分で自分を癒し、自分で自分を内側から満たすこと、これしかありません。

ネガティブな過去を癒し、内側から満たす。これだけです。そこには模範解答もテンプレートも雛形も通用しません。

他人に癒してもらっても、気休めにすぎませんし、外から補っても、「まだまだ、もっともっと」でキリがありません。

「お互いに褒め合いましょう」「自分の強みを10個書いて、送ってもらいましょう」

私も自己啓発のセミナーで散々やりましたが。そのときだけ、ウルウルして、抱き合って、ハイタッチしても、1〜2週間もすれば、また、いつもの自分です。

例えば、自分の鼻がコンプレックスだったとします。

その人に、どんなに「あなたの鼻、素敵よ」「その鼻だから、可愛いんじゃない」「私の鼻より、全然、いいじゃない」と言われたところで、納得するでしょうか？

どんなに褒めてもらっても、自分が腑に落ちてそう思えなければ、まったく意味がありません。

セミナーでモチベーションを上げても、カウンセラーに傾聴してもらっても、仲間に共感してもらっても、一時的なカンフル剤、一時的な痛み止めにすぎません。

例えば、最愛の人を亡くしたとします。別の異性と付き合って、上書きすれば解決するでしょうか？　その人を失ったら、また、痛みが再発します。

代わりにペットを飼って、解決するでしょうか？　そのペットを失えば、また、痛みが再発します。

まさに、痛み止めにすぎません。根本的に癒されていないわけです。では、その奥にあるものは、一体、何でしょうか？　根底にある、痛みの正体を自分で掴まない限り、解決することはありません。痛み止めや、まやかしの悟り、薬物、ギャンブル等で自分を誤魔化しても、何も解決しないことは、自分が一番よくわかっているはずです。

かといって、時間は何も解決してはくれません。脳の中では終わっていないからです。グリーフケアで悩んでいる方は注意してください。

「問いかけて、気づいて、やめる」「自分で自分を癒す」「内側から満たす」ことが大事です。これ以外にはないのです。

意識が過去に向くと人はネガティブになる

それをやること自体が「よい・悪い」ではなく、それをやるときの脳の動きがどうなっているか？

ネガティブな過去に意識が向いているのか？　ポジティブな未来に意識が向いているのか？

メリットや目的を考えながらしているのか？　何か不安や恐怖から逃れようとしてしているのか？

そこがポイントです。

意識が過去に向くと脳はネガティブになりやすくなります。そのネガティブな状態から逃れるために、「〜しなきゃ」となります。

これが苦痛系回路です。

ネガティブな感情でしているのか？　ポジティブな感情でしているのか？

「感情」というと心のような気もしますが、実際は脳で感じていますから、やはり、脳の動きを探る必要があります。

「誰に何を言われたのか？　何をされたのか？」「自分が何を言っているのか？　何をしているのか？」よりも、自分の心の動き、感情の変化を意識しましょう。

私が「持病」と言われ、43年間の原因不明の下痢をわずか数日で止めたのは、たったこれだけです。

以前の私は、朝起きた瞬間から、常にネガティブなシミュレーションをしていました。

「シミュレーション」というと未来のことをイメージしている気がしますが、実は意識がネガティブな過去に向いており、そこから逃れるために苦痛系で思考していたのです。

例えば、明日の6時に起きて、スーツケースに荷物をまとめ、車で駅まで向かい、立体駐車場に車を停め、駅まで歩き、券売機でチケットを買い、ホームへ向かい、新幹線で東京駅まで向い、駅を出たら、会場となる会議室まで向かい、受付を済ませ、資料を配り、打ち合わせをし、セミナーを始め、質疑応答をし、セールスを行い、売上を確保する……。

ここまでを、前日の夜、布団に入ると、まるで、走馬灯の逆バージョンのように、一瞬で、高速でシミュレーションをしていたのです。ネガティブな過去にアクセスし、それを回避するために、です。

「朝、寝坊したらどうしよう」「荷物をまとめなきゃ」「駅までの道が渋滞していたらどうしよう」

「立体駐車場は空いてるかな？」「重いスーツケースを転がして移動しなきゃ」「始まる前に、あれとこれとそれを打ち合わせしなきゃ」「会場は埋まるかな？」「この時間配分で伝え切るかな？」「セールスがうまくいかなかったらどうしよう」「最低でも、何件の契約を取らないと、売上がマズイな」など。

すべてがネガティブな過去の記憶から来ていました。その結果、ストレスホルモンで胃腸を壊し、宿泊先のホテルでは1時間に1回は目を覚まし、食事も水分も、ほとんど摂れず、ほぼ「飲まず、食わず、寝ず」の状態で翌日のセミナーをこなし、夜、帰宅していました。

私のように逆流性食道炎といった、神経性の胃炎や、過敏性腸症候群といった慢性的な下痢のたいていの原因は、このネガティブな思考からきます。

この思考のことを「苦痛系回路」といいます。詳細は次章で解説します。

脳の使い方を変える5つのステップ

①苦痛系をやめて報酬系回路で考える
②「ない」ではなく「ある」に意識を向ける
③前提を差し替える
④深掘りをし、思い込みに気づく
⑤抽象度を上げる

大きく、この5つを繰り返し、継続することで、何度もお伝えしている、「自分で自分を癒し、自分で自分を内側から満たす」ことができるようになります。

そもそも脳に使い方があるなんて知りませんよね？　具体的に1つずつ解説します。

①苦痛系をやめて報酬系回路で考える

これは1冊目の本「1回10秒　健康オタクが辿り着いた世界一シンプルで簡単な健康法（セルバ出版）」にも書きましたが、行動の前に、目的を明確にし、その動作をするメリットを考える、ということです。

「〜しなきゃ」という義務感、責任感ではなく、「〜したい」という欲求で行いましょうという解説をしています。なぜなら、ストレスの正体は、この「〜しなきゃ」の義務感だからです。

残念ながら、医者もセラピストも、カウンセラーも、トレーナーも栄養士も、誰も知りません。だから、病気が治せない、だから病気が治らないのです。

苦痛系と報酬系に関しては、こちらの動画で詳しく解説しています。下記はタイトルこそ経営者向けですが、内容はそうではありませんので必ず視聴してください。

YouTube

【真相】95％以上の経営者が10年以内に倒産（廃業）する本当の理由。マーケティングの重大な落とし穴とは？

必ず、こちらの動画も併せて視聴してください。

【新解説】TED サイモン・シネック　日本語「Why から始めよう」

②「ない」ではなく「ある」に意識を向ける

インターネットやマスメディアの普及によって、また、マーケティングの拡大によって、私たち消費者は常に「ない」という欠乏感を煽られ、不安と恐怖から逃れるために、本来、必要もないものに手を出しています。

これは１９９９年に上映されたブラッドピット主演の映画「ファイトクラブ」でも、主人公の「タイラーダーデン」という男が語っています。

「俺たちはみんな、車にガソリンを入れたり、ウェイターをやったり、会社でコキ使われて暮らしている。広告を見て車や服が欲しくなり、やりたくもない仕事をして必要もないものを買っている。歴史の狭間で生まれた俺たちには目的も居場所もない。世界大戦もないし、大恐慌もないが、俺たちは魂の戦争をする。人生そのものが大恐慌だ」。

ファイトクラブ 名言（吹き替え比較動画）

つまり、広告で欠乏感、渇望感を煽られ、必要もないものを買い漁り、それによって足りなくなったお金を補うために、やりたくもない仕事をしている。生きる目的もなければ、居場所もないまま、日々、大恐慌のような生活を送っている、という意味です。

この映画は資本主義を痛烈に批判した映画として知られていますが、全体を通して、非常に示唆に富んだ映画なので、私の有料会員さんには何度となく、ご紹介しています。是非、繰り返し、視聴してみてください。

また、「ない」ではなく「ある」に意識を向けることに関しては、こちらの動画でかなり詳しく解説しています。必ず視聴してください。

「執着を手放し、欠乏感・渇望感・不足感の負のスパイラルから抜け出す方法（悪用禁止・脱洗脳・仕組まれた世界）

③前提を差し替える

思い込みに気づいて、土台から変わると前提が変わりますので、問いかけることで、自分の抱えている思い込みに気づくことが大事です。

その一方で、「すでに~だとしたら?」という問いかけをすることで、意図的に前提を差し替えることができます。

もちろん、表面的な書き換え、表面的な切り替え、表面的なプラス思考、根拠のないポジティブ思考では意味がありませんので、あくまでも問いかけることで、内側から見出すことが大事ですが、その上で、「そもそも、生きているだけで丸儲けだったとしたら?」と問いかけることで、前提を差し替えてみましょう、という解説を左記の動画でしています。

【壮絶】コロナで重症化⇩救急搬送…「生きてるだけで丸儲け」

単に「生きてるだけで丸儲け」と毎日、１００回、１０００回、唱えましょう、という話ではありませんので、くれぐれも誤解しないでください。それをすると、かえって悪化します。

「すでに～だとしたら？」と問いかけて、自分なりの答えを見出すことが大事です。

④深掘りをし、思い込みに気づく

自分に問いかけて、思い込みに気づいて、それをやめる（手放す）ことが大事です。問いかけ方は簡単です。「ここにはどんな思い込みがあるのかな？」これだけです。

もっと万能で誰にでもできる問いかけ方をご紹介します。それは「何のサインかな？」です。

病気も怪我も事故も、トラブルもミスも人間関係のゴタゴタも、借金も本当の自分からのサインにすぎません。一見、ネガティブに見える体験も、サインです。

「何のサインかな？」これだったら、一生、忘れませんし、簡単ですよね？　難しいワークも、コンテンツも必要ありません。「何のサインかな？」と自分に問いかけるだけです。

私自身、常に何かあると、この問いかけをしていますし、クライアントさんにも「シンプルに何のサインだと思います？」とお聞きしています。

思い込みを手放すまでのステップをもう少し細かく説明すると、次のようになります。
①自覚する（反応している自分に気づく）
②問いかける（どんな思い込みをしているのか自分に問いかける）

③思い込みに気づく
④受け止める（事実をありのままに受け止める）
⑤受け入れる（過去のネガティブな自分を素直に受け入れる）
⑥許す
⑦手放す
⑧行動レベルで対処していく

厳密に言うと右記のようになりますが、受け入れた時点で許せていますし、思い込みに気づいた瞬間に怒りや悲しみといった感情が消えたり、気づいた瞬間に愛や感謝に変わるケースもあります。

なので、「あえて言語化して細かく分けると、こうなる」という程度の認識で構いません。

時々、「許しました！　手放しました！　終わり！」と喜んでいる人がいますが、問いかけていなければ、思い込みに気づいてもいませんし、受け入れて許すという工程も省いています。これでは「何もしていないのと同じ」ですから、何も解決しません。口先だけの感謝と同じです。表面的な書き換え、表面的な切り替え、表面的なプラス思考、根拠のないポジティブ思考です。

大事なのは問いかけて、気づいた上で、受け入れて許して手放すことです。

また、行動レベルが最終的な部分、言ってみれば、「最後の一振り」ということも理解してください。

⑤抽象度を上げる

私は「純度を上げる」「解像度を上げる」とも表現しています。

「抽象度を上げる」とは、例を挙げたほうがわかりやすいので、記載します。

「犬派？　猫派？」⇩「ペットって可愛いよね」

という視点です。

「男性、女性」⇩「日本人」

「黒人、白人」⇩「人間」

です。

「燃えるゴミ？　燃えないゴミ？」⇩「高温で熱すれば、すべて溶ける」

という視点です。ニュアンスが伝わるでしょうか？

こればっかりは、日頃から、意識が必要ですが、パソコンで言うところのフォルダの階層を１つ上がる感覚といえばいいでしょうか。

「犬」「猫」というフォルダを「ペット」というフォルダに入れる感覚です。一朝一夕には身につきませんが、是非、楽しみながら、日常を過ごしてみてください。

以上、５つのステップを解説しました。「深掘りをすること」と「抽象度を上げること」とは一見、真逆の作業のように見えますが、深掘りしたり、抽象度を上げてみたりすることで、思い込みに気づけます。

是非、この5つを同時並行で、繰り返していきましょう。私がやっていることも、基本、これだけです。魔法も裏技もありません。地味な作業ですが、これだけです。

考えるな、感じろ

私は以前、「コロナに感染したことがきっかけで、生きてるだけで丸儲けという感覚を掴んだ」と動画で解説しました。

詳しくは110頁の動画で紹介しています。

すると、コメント欄に「なるほど、朝、起きたら、坂庭さんみたいに、『目が見えるぞ、耳が聞こえるぞ、鼻が使えるぞ、息をしてるぞ。よし、生きてるだけで丸儲けだ!』と、その流れを毎日、真似すればいいのか!」と書き込んだ人がいました。

まさに、一番、ダメなパターンです。なぜか?

「わかったつもり」になっているだけだからです。頭で考えて、腑に落ちていません。

表面的な切り替え、表面的な書き換え、上辺を撫でているだけ、つまり、「上っ面だけ」ということです。気持ちはわかります。もともとは私も、そのタイプでしたので。でも、宗教の教義のように、丸呑みしても意味がありません。

歴史の年表を丸暗記するように、数学の答えを丸暗記しても意味がないですよね?

眼科で視力の検査をするときに、Cの向きを丸暗記して2・0を叩き出しても、視力はよくなりませんよね？　問題は解決しないですよね？　視力検査をする意味がないですよね？　Cの向きを丸暗記しても意味がないですよね？

わかりますか？「ツイてる！　ツイてる！」「ピンチはチャンス！」も、口先だけの感謝も、それと同じです。空念仏、おまじない、呪文です。

単に頭で考えて、理屈で理解し、表面的な切り替え、表面的な書き換え、表面的なプラス思考、根拠のないポジティブ思考をしているだけ、です。

「コップに水が、あと半分しかない」と思っていた人が、「なるほど、『まだ、半分も残っている』と思えばいいのか」と表面的に切り替えているだけと同じなのがわかるでしょうか？

お互いに褒め合ったり、相手の強みを10個、書いて、送ってみたり。傾聴して、同情して、共感して、ウルウルしても、その場しのぎにすぎません。また、1～2週間もすれば、モヤモヤしてきます。

あれほど、動画で「頭で考えて刷り込んでも意味がない」と繰り返し解説しても、安易に丸呑みしたがる人がいます。

そのほうが楽だからです。気づいて、変わった気になりたいのです。「やった気」になり、癒されて、目が覚めて、悟りを開いた「気になりたい」のです。「そのつもり」になっているだけです。表面的になぞっているだけ、に過ぎません。上澄みをすくっているだけです。

そんなのは、「まやかしの悟り」に過ぎません。

一時的なカンフル剤、一時的なモチベーション、一時的な痛み止めです。

もうこれ以上、安易に模範解答を丸呑みするのは、やめましょう。表面的になぞるのはやめましょう。何も解決しませんから。

「考えるな、感じろ」の世界です。

あいにく、これ以上、言葉で説明するのは不可能です。所詮、言葉は理屈の世界なので。是非、「腑に落ちて感覚的に掴む」ということを意識し、1日も早く、体感してください。

3　自分で思い込みに気づく脳への問いかけ方

反応している箇所をピックアップして深掘りする

重複になりますが、大事なポイントなので、再度、お伝えします。

ざっくり言うと、「自分が反応している部分」を深掘りすることになります。これは私の本や動画に限らず、題材は日常の至る所に転がっています。

あなたは、もう、これで自分の思い込みに気づく機会を無限に無料で入手し続けることができるわけです。もはや、ウェビナーをハシゴしたり、コンテンツを買い漁る必要は一切ありません。

後ほど、詳しく解説しますが、イライラする、腹が立つ、ムカつく、キレるなどは、「許せていない自分の投影」です。

「許せていない自分の投影」ですので、その正体（原因）に気づき、受け入れ、許せば反応しなくなりますので、イライラしなくなり、腹を立てることがなくなります。

では、具体的にどのような部分を足がかりに、または手がかりに深掘りすればいいのか？　実際に会員さんにお伝えしているポイントをすべてお伝えします。

「反応している」とは、具体的にいうと

・イライラする
・腹が立つ
・ムカつく
・キレる
・反論する
・余計なお世話なのにツッコミを入れている
・目を背ける
・耳を塞ぐ
・距離を置く
・脊髄反射している
・「自分がネタにされている」と感じる

など、ネガティブな感情が出てきたら、そこを深掘りします。何か引っかかるから、反応するわけです。つまり、抵抗、反発、摩擦があるわけです。

相手は自分の投影に過ぎません。現実は自分の心理的な投影に過ぎません。

だとしたら、どんな自分をまだ許せていないから、そこに反応するのか？　摩擦を感じるのか？　抵抗しているのか？　その奥には、どんなネガティブな感情を抱えているのか？　そこを深掘りすることが大事です。その背景にある思い込みに気づき、自分を許せるようになるとイライラしなくなります。

やり方は簡単です。

反応している箇所をメモしておき、「ここにはどんな思い込みがあるのかな？」と問いかけるだけ、です。

それが進むと、ネガティブもポジティブもなくなり、すべてが愛と感謝になります。そのような状態になるまで、是非、深掘りしてみてください。

また、相手は自分の投影にすぎない以上、飼い主がこじれているとペットも病気になります。

許せていない自分の投影とは

そこには何か

・ネガティブな自分
・癒されていない自分
・見たくない自分

・生き埋めにされた感情

が、放置されたままになっていて、それが投影されているから反応している、という意味です。一言で言うと「ネガティブな過去の自分」です。

　都合の悪いものから

・目を背け
・耳を塞ぎ
・臭いものには蓋をし
・ゴミをまたぎ

　そうやって、自分を誤魔化してきたはずです。それを今ここで見ているわけです。

・表面的に雑草を刈り
・ある時はモグラ叩きをし
・またある時は安易に丸呑みし
・自分を誤魔化し
・スルーしてきた

　それが今、このタイミングで顕在化していると言えます。
「本当の自分」から、「で、どうする?」「また、誤魔化してスルーするつもり?」「いずれまた、別の形でサイン出すよ」というメッセージです。

それが、「許せていない自分の投影」です。これ以上、言葉で表現しようとすると、かえって行動レベルの話に聞こえるのでやめておきます。抽象的だからこそ、気づけることもあるので。

いずれにしても、虫歯と一緒で放っておいてよくなることはありません。進行することはあっても。

べきべき星人

このような言葉を使う場合、深掘りするポイントになります。

「～すべき」「～すべきではない」

これは、いわゆる、信念・信条・ビリーフと言われるものです。

「前提」とも言います。

ここから、自分が一体どんな固定観念、先入観、偏見、色眼鏡、バイアスを持っているのか？に気付けます。

逆に、これらの言葉を相手が使ったら、その人は、この部分に何かネガティブな思い込みをしていることが1発でわかります。

「男とは、こうあるべきだ」「男とは、こうあってはならない」

「女とは、こうあるべきだ」「女とは、こうあってはならない」

「社会人として～」

「夫として〜」「妻として〜」「父親として〜」「母親として〜」
「長女として〜」「長男として〜」
「経営者として〜」
「ビジネスマンとして〜」
「人として〜」
「医者のくせに」「法律家のくせに」「子どものくせに」「大人のくせに」「教師のくせに」「公務員のくせに」etc…

聞いていて、疲れますね。固定観念、先入観、偏見、色眼鏡、バイアスという名の思い込み・信じ込み・刷り込みに過ぎません。

以前の私は、当たり前のように、それこそ、呼吸をするように、日常的にこれらの言葉を使って相手を責め立てていました。

この中でも私が最も「メンヘラワード」だと思うのは「人として」です。

何かにつけて、「人として！」と相手の人格まで否定したがる人がいます。

自分にとって不快な出来事があると、二言目には「人としてどうなんだ！！！」と青筋を立て、口を尖らせ、飛沫を飛ばして、相手を詰め、相手の人格まで否定します。

相手がものの5分、遅刻したり、仕事で些細なミスをしたり、たまたまミスが続いたりしただけで、責め立て、罵り、相手が立ち直れないくらいにまで、とことん追い詰めて、息の根を止めるほどに追い詰める人がいます。

はい、かつての私です。「人として」は「メンヘラワード」です。

「相手の言動（外の情報）」と「相手の人格」は分けて捉える必要があります。「事実」と「解釈」を分解することを「理性」と言います。

言い換えると、事実と解釈を混同して「人として」と人格まで否定する人は理性がない人、ということになります。つまり、私は理性のない人間だったわけです。あなたは思い当たる節はありませんか？

「事実」に対して、「余計な解釈」をくっつけ、相手の人格まで否定してしまうと、特に人格形成に重大な影響を与える幼少期では、子どもの人格を歪めてしまう危険があります。

また、大人同士のやり取りであっても、「口は災いの元」「覆水盆に返らず」というように、感情に任せて、相手の人格まで否定してしまうと、人間関係にヒビを入れてしまい、以後の修復が困難なケースもありますので、注意しましょう。

強い断定的な言葉

これらも確実にチェックしましょう。

- 絶対
- １００％

・いつも、必ず
・皆んな
・普通
・一般的に
・常識的に
・モラルとして

このような言葉の背景にはネガティブな思い込みが潜んでいます。

以前、コンサルタントをしている女性のクライアントさんとの個別カウンセリングの中で、こんなやり取りがありました。

女性「だって、坂庭さん、これって、常識じゃないですか！！」

坂庭「なるほど。では、お聞きしますが、常識の基準はどこにありますか？　どこまでが、常識で、どこからが非常識ですか？」

女性「一般的に『当たり前と思われていること』です」

坂庭「一般的に、っていうのは、何を基準に言っていますか？」

女性「私の身近な人の9割以上です」

坂庭「あなたの身近とは、もうちょっと具体的に教えてもらえますか？」

女性「半径3㎞以内でしょうか」

坂庭「あなたの半径３km以内が世間の常識ですか？随分、狭いですね」
女性「あ、違います」
坂庭「違うんですか？」
女性「…」
坂庭「つまり、どういうことでしょう？」
女性「単に私の個人的な意見でした」
坂庭「でしょうね」

2chの創始者の「ひろゆき氏」の有名な切り返しに、「それってあなたの感想ですよね？」というのがありますが。

ひろゆき伝説の論破シーン

まさに、それと同じです。

自分の個人的な意見や感想を一般論にしてしまう、あるいは「狭い自分の常識＝世間の常識」と思い込んでいる、はたまた、自分の価値観を他人に押し付けてしまうわけです。

映画「るろうに剣心」の中で、志々雄（ししお）が自分の恋人を盾にして、自分の命を守るシーンがあります。

そんな志々雄に対して、剣心は「自分の大切な恋人を守るどころか犠牲にしてまでも自分が生き残りたいのか？　それは裏切りだ」と痛烈に批判します。

すると志々雄は「裏切り？　テメェの物差しで計るんじゃねぇよ」と吐き捨てるシーンがあります。まさに、価値観の違いを強烈に表現したシーンではないでしょうか？　もちろん、これは映画ですし、極論ですが、往々にして、

あなたの常識＝世間の非常識

業界の常識＝他業界の非常識

ということが起こりえます。

それにも関わらず「人として！」と、相手の人格まで否定してしまう。

一度、あなたの価値観、あなたの業界の常識を疑ってみてはいかがでしょうか？「そのやり方はうちの業界では通用しない」という経営者に限って稼げません。思考が凝り固まり、かなりの色眼鏡で、世の中を歪んで捉えているはずです。

この事例のようにコンサルタント自身が自分の思い込みに気づかずに堂々巡りしてしまうと、当然、クライアントさんを堂々巡りから抜け出させることができません。自分が堂々巡りすることで相手を堂々巡りさせます。

お母さんが堂々巡りすることで、子どもを堂々巡りさせるのと同じ構図です。

コンサルタントやカウンセラーは、単に雛形やテンプレート、マニュアル通りにコンサルを進めるのではなく、まずは、自分と向き合い、自分の思い込みを手放し、自分の問題を解決する必要があります。

当たり前ですが、ホームランを打ったことがない人は、人にホームランの打ち方を指導することはできません。

特にコロナ以降、お金を払って講座に申し込み、規定のカリキュラムを受ければ、認定証がもらえ、誰でも簡単に「心理学」や「心理技術」といった、コーチやカウンセラー、コンサルタントになれるようになりました。そのような講座が蔓延しています。

私自身、講座の中身まで拝見はしていませんが、「認定証をもらった人」つまり、表向きは「プロ」からのご相談が後を断ちません。同時に、「認定されたプロ」の心理学や心理技術を使ったカウンセリングで、むしろ悪化してしまった人のご相談も後を断ちません。まさに負の連鎖が拡大している状態で、地獄絵図です。

私自身は何の認定証も持っていませんし、テンプレートや雛形は使っていません。なぜなら、そんなものを使っても意味がないからです。テンプレートで解決するのであれば、最初からPDFで配布しています。そのほうがお互いに時間もコストも省けますから。

その代わり、日々、自分と向き合い、掘り下げ、気づき、手放し、変化し続けています。「プロ」の人も是非、マニュアルで知識を詰め込んで満足し、雛形やテンプレート通りに上から質問をぶつけるだけではなく、まずは、しっかり、気づいて変わりましょう。

あなたが気づいて変わることこそが、一番のエビデンスであり、一番のスキルアップにつながります。

人生を変えるシンプルで万能なたった1つの問いかけ

ここまでに挙げた問いかけは、すべてネガティブな思い込みであり、ネガティブな感情を抱えていて、ネガティブな自分を許せていない状態です。

ですので、イラッとした瞬間に、「あれ、何でここに反応したんだろう?」「ここにはどんな思い込みがあるのかな?」と問いかけることで、自分を俯瞰し、客観的に状況を捉え、冷静になれます。

そして、ネガティブな自分に気づき、受け入れ、許し、手放すことで、イライラしなくなります。腹が立たなくなります。

許せていない自分の投影から、自分を俯瞰し、深掘りして、ネガティブな自分に気づいて受け入れることができれば、次第に反応しなくなってくるから、です。

イライラを我慢するのではなく、そもそも、反応しなくなるので、イライラしなくなるのです。

そもそも、感情をコントロールしようとすること自体、ナンセンスです。無理に感情を抑えようとすれば、今度はリバウンドして、いずれ、大爆発します。プレートの歪みと同じですね。

感情をコントロールし、怒りを抑えようとすればするほど、いずれは、より大きな怒りとなって爆発します。

また、その反対に、感情を無理に抑え込むことで、鬱状態になるケースもあります。脳が整えば、感情をコントロールする必要すらありません。

実際に、コンサルをしていても、「喜怒哀楽を感じにくい人」は、メンタルが整っているから平常心を保ってるわけではなく、むしろ、自分を押し殺すことで、感情がわからなくなってしまうのです。ここまでくると、もはや、鬱状態です。

メンタルが整っていれば、そもそも、お金や病気、人間関係で悩みませんから。

そして、もっともシンプルな問いかけの言葉もお伝えしておきます。それは、

「何のサインかな?」

これだけです。この問いかけには、

「ここにはどんな思い込みがあるのかな?」

「根底にはどんな不安や恐れがあるのかな?」

などもすべて含みます。一見ネガティブに見える出来事も、すべて本当の自分からのサインです。

「すべての出来事には意味がある」「自分にとって必要な体験だから、今、ここで起きている」という意味です。だとしたら、「一体、何のサインかな？」これこそが万能な問いかけです。もし、本書に書かれた他のすべてを忘れても、この一言さえ覚えておけばＯＫです。

「何のサインかな？」これだけです。

これさえ覚えておけば、あなたは、他のことをすべて忘れても大丈夫です。

本書をなくしても、私の名前を忘れても、私の動画が視聴できなくなってもお金がなくて自己投資できなくても。

コルクボードに写真を貼って眺めても夢は叶いませんが、この問いかけを見えるところに貼って眺め、問い掛ければ人生が変わります。

・スマホの待ち受け
・付箋紙で貼る
・メモで持ち歩く

至る所に書いてみてください。本当にこれだけで大丈夫です。この問いかけさえ覚えておけば、あなたには今後、マーケティングも心理学もスピリチュアルも自己啓発も宗教すら必要ありません。ウェビナーもコンテンツも高額な塾も個別コンサルも必要ありません。

自分にも他人にも、そして、社内ミーティングでも、これだけでいいくらいです。今となっては、「逆にこれを問いかけずに、何を話し合うの？」という感じです。

表面的に上澄みだけすくったところで、本質を掴んでいなければ、問題が根本的に解決することはありません。永遠にモグラ叩きをしているだけです。

問いかける際の注意点もお伝えしておきます。

「問いかけるだけでいい」ということです。

もちろん、問いかけるだけでなく、気づいて変わることが目的ですが、「気づいて変わらなきゃ！」と思うと、なかなか気づけない、変われないと、問いかけること自体が苦痛になるからです。

問いかけても、すぐに気づけるとは限りません。

ですので、「問いかけるだけ」で構いません。眉間に皺を寄せて、必死に問い掛けるのではなく、ゲーム感覚で、楽しみながらやりましょう。

「好きこそ物の上手なれ」です。脳で遊ぶ感覚で、楽しみながら、面白がってやったほうが、結果として、気づきやすく、変わりやすいです。

4　抽象度を上げて人生を変える秘訣

抽象度を上げると問題はすべて解決する

あなたは子どもの頃に死ぬほど悩んでいた問題に、今でも頭を抱えているでしょうか？　おそらく、ＮＯだと思います。それは経済力がついたからということもありますが、それだけではありません。抽象度が上がったから、です。

「当時は問題だと思っていたことが問題ではなくなる」これが抽象度です。「俯瞰する」に近い感覚です。抽象度が低いと、「木を見て森を見ず」になり、森の中で迷子になって堂々巡りをします。

たとえば、ムツゴロウさんに「犬と猫、どっちが可愛いですか？」と尋ねたら、「どっちも可愛い」と答えるでしょう。ムツゴロウさんは抽象度が高く、いい意味でサイコパスだからです。牙を剥き出しにして唸っている猛獣すら手なずけてしまうくらいですから。

逆に、抽象度が低いと、違うものに見えたり、違うことに聞こえることがあります。

「アムウェイとニュースキンのサプリ、どっちがいいんですか？」⇩どっちだっていい

「脳科学と量子力学と潜在意識と心理学と宇宙の法則は、何が違うんですか？」⇩なんだっていい

わかるでしょうか？

「なんだっていい」「どっちだっていい」というのは、本質はすべて同じだから、という意味です。

これこそが、中庸です。

言い換えると、目の前のゴミが「燃えるゴミか？　燃えないゴミか？」で悩んでいるという感覚です。「プラスチックも瓶も鉄も高温で熱すれば、すべて溶ける」これが抽象度です。

また、抽象度の低い人は、自分のやっていることや言ってることがわかっていません。ハタから見れば滑稽ですし、人のことはわかりますが、悲しいかな、自分のこととなると人間はまったくわ

かりません。

逆に、自分より抽象度の高い人には、その浅い思考や駆け引きがすべてバレています。「バレている」という自覚も、自分が駆け引きをしている、という自覚すらないのが抽象度の低さですが。子どもが親に買ってもらいたいものがあったら、急に、家の手伝いをしたり、見えるところで、これ見よがしで宿題を広げて勉強をし始めるようなものです。

すべてお見通し。透けて見えているわけです。抽象度が上がると、相手の思考や思惑が手に取るようにわかります。掌で転がす感覚です。そこに至るには、深掘りし、また、抽象度を上げ、思い込みに気づいていく必要があります。

本質はすべて同じ

私にとって、次はすべて同じものとして捉え、また、表現しています。

・抽象度を上げる、純度を上げる、解像度を上げる
・ハイヤーセルフ、インナーチャイルド、本当の自分
・脳科学、量子力学、心理学、スピリチュアル、オーラ、宇宙、潜在意識、集合的無意識、引き寄せ、ホ・オポノポノ、ザ・シークレット、パワーストーン、宝石
・問いかけて、気づいて、やめる
・ネガティブな過去を癒す

・自分で自分を癒す
・自分で内側から満たす

全部同じ意味です。

なぜなら、本質はすべて同じだからです。違うように見える、同じように聞こえないとしたら、「犬派か？　猫派か？」「燃えるゴミか？燃えないゴミか？」と同じように抽象度が低い状態です。

時々、「坂庭さん、『問いかけて、気づいて、やめる』はわかりますが、『ネガティブな過去を癒す』の意味がわかりません」というご質問をいただきます。

全部、同じ意味です。

別の例え方をすると、抽象度が低いと、こちらの見えているゴミが見えてないという事態になります。

「そのゴミ、拾っておいて」で済む相手と、「え、どれですか？」という相手がいるようなものです。抽象度が低い、純度が低い、解像度が粗いとゴミが見えません。当然、ミスが減らない、改善が進まない、生産性が上がりません。

これは学歴も資格も、スキルもキャリアも関係ありません。仮に高学歴であっても、脳のＯＳが古くてバグっていると使い物になりません。

私は今後、ビジネスパートナーに採用するか、否かの基準はすべてこの、抽象度で見ることにし、今現在、ビジネスパートナーを整理しています。

「抽象度が高いか？　低いか？」は、会社の業績に関わるくらい重要な基準です。経営者は覚えておくといいでしょう。

ダイエットがうまくいかない最大の理由

よかれと思ってやっていたことが、実はよくなかったとしたら？　ゾッとしますよね。ここではそのような話をします。耳が痛いかもしれませんが、しっかりと聞いてください。

脳（潜在意識）は、逆に動いている、という解説をします。

私は親のことをずっと恨んで生きてきました。そのため「母親のようにはなりたくない」「父親のような生き方だけは絶対にしたくない」と心に堅く誓い、10代から、毎日、呪文のようにつぶやいて生きてきました。

ところが、30年経ち、40代になった頃に、あれほど恨んでいた親と、まったく同じ大人になり、まったく同じ人生を歩んでいることに気づき、愕然としました。「どうして、あれほどまでに意識して生きてきたのに……」と。

これが脳であり、潜在意識の最大の特徴です。

「〜したくない」と思えば、思うほど、そちらに意識をフォーカスします。

結果、5年後、10年後、そのような自分になっています。ゾッとしますよね？

以前、「私はダイエットやろうとすればするほど、どんどん太っていきます」という女性がいました。それもそのはず。「ダイエットしなきゃ」と思えば思うほど、ネガティブな過去にアクセスし、太っている自分を確認し、その自分を強化します。これがセルフイメージとして確固たるものになります。

「禁煙しなきゃ」と思えば思うほど、吸いたい自分を確認します。「借金を返さなきゃ」「借金なんて懲り懲りだ」と思えば思うほど、お金に困っている自分を確認します。

「武器を身につける」と思えば思うほど、前提として「弱い自分」をつくり上げ、武器を身につけると、世の中と戦い始めます。そして、「世の中、敵だらけ」という感覚が強くなります。戦う相手がいなくなると、いずれ、その武器で自分を傷つけ始めます。そして、最後は私のように寝たきりになります。

そもそも、私のように親を否定している時点で、自分の出生や生存を否定しますから、ネガティブです。「毒親」「親ガチャ」と言う言葉があります。「好きでこの親を選んで生まれてきたわけじゃない」というのは他責（他人原因型の思考）であり、ネガティブな状態です。

自分の人生のスタートを受け入れていない時点でネガティブなので、親を恨んでいるうちは人生がよくなることはありません。

「この親を選んで生まれてきた目的は何か？」と自責（自分原因型の思考）で捉えることが重要です。

私のように「親みたいになりたくない」という思考を「反面教師型」と名付けましたが、反面教師型で捉えれば、捉えるほど、意識がそちらに向かい、気づいたら、そうなってしまいます。

脳（潜在意識）は、逆に動いている、ということを是非、頭に入れておいてください。

願望は役に立たない

当たり前ですが、資格試験で、すでに合格している人は「合格するぞ！」とは叫びません。「合格するぞ！」と叫ぶ人は、まだ合格していない人です。

「合格するぞ！」と叫べば、叫ぶほど、「まだ合格していない自分」を確認し、今年も不合格の自分を強化し続けます。「契約をとるぞ！」「売上を伸ばすぞ！」「結婚するぞ！」「恋人をつくるぞ！」なども然り。

脳がこじれている人が「ツイてる！」を呟き続けると鬱状態になります。そもそも、本当にツイている人は、わざわざ頑張って、1日に100回も1000回も「ツイてる！」と呟きません。「まだツイていない人」が「ツイている人」になりたくて、必死に呟くわけです。

このような空念仏や呪文、おまじないのように呟けば、呟くほど、「本当はそうじゃないのに」「まだ、そうじゃないのに」という感覚が強くなります。「まだ、そうなっていない自分」を強化し、鬱状態になります。

「俺ならできる！」「大丈夫！　大丈夫！」と自分を追い込むと精神的に不安定になります。「ま、いいいか」などの気休めも意味がありません。「まだよくない」のですから。本当にそれでよければ、

「ま、いいか」という言葉すら出てこないはずです。

特に病気で1日中、家にいて、やることがないほど、1日に100回、1000回、1万回とやり続けるので要注意です。「まだ、そうじゃないのに」「本当はそうじゃないのに」という感覚が強くなり、「本当の自分」と「偽りの自分」ができます。

それらの空念仏、おまじない、呪文は「やらないほうがいいでしょう」ではなく「やってはダメ」です。実際に私はクライアントさんには、真っ先に、やめてもらいます。

「〜だったらなぁ」「〜だったらいいのに」という願望も同じです。

「まだ、そうなっていない自分」を強化し続けます。コルクボードに雑誌の切り抜きや写真を貼って眺めても、現実と理想のギャップに耐えられなくなると、人は鬱状態になります。コラージュや待ち受けも同様です。

願望は役に立たないどころか、逆効果で悪化します。役に立たない願望は前提に差し替えましょう。

「すでに、そうなっていたとしたら?」と自分に問いかけるのです。「呟く」「すり込む」「丸呑みする」のではないので誤解しないでください。表面的な切り替え、表面的な書き換え、表面的なプラス思考では、うまくいきません。

大事なのは土台から整えることです。

「すでに、そうなっていたとしたら、どのように振る舞うだろうか?」と自分に問いかけ、内側から出てくる答えに従うのです。

「億万長者になれたらな〜」だと、「まだ億万長者になれていない自分」を確認し、強化します。そうではなく、「すでに億万長者だとしたら、今日1日、どのように過ごすだろうか？」「すでに億万長者だとしたら、目の前の人に、どのように接するだろうか？」と問いかけましょう。

こちらの動画も参考にしてみてください。

【自己啓発の罠】自己啓発や心理学、占いは効果なし？ 12個の元の木阿弥

脳は行動を見ている

脳がカオスでこじれている人の場合、いきなりプラスを目指したり、一気にブレイクスルーを目

指す前に、バケツの穴を塞ぐことが大事です。

よくも悪くも脳は行動を見ています。あなたは、次のような行動をしていませんか？

「横断歩道を小走りする」

「電車の駆け込み乗車（あるいは慌てて駆け降りる）」

「運転中の化粧、おにぎり、髭剃り」

「食べながら仕事、スマホ、勉強」

これらは、「貧乏暇なしの自分」を確認する動作です。やればやるほど、「自分は時間にもお金にも健康にも人間関係にも余裕がない自分」というセルフイメージを強化し続けます。当然、悪化することはあっても、よくなることはありません。

多動（マルチタスク）なんて言語道断です。元ライブドアの社長・堀江貴文氏（以下、ホリエモンと略称）のようにWindows1000のような脳のＯＳを積んでいる人であれば、話は別ですが。

この状態を続けたまま、いくら「ツイてる！」「感謝」を連呼しても無駄です。アファメーション、インカンテーションをしても、アクセルとブレーキを同時に踏んでいる状態です。

アクセルを踏む前に、ブレーキを緩める必要があります。水を汲む前にバケツの穴を塞ぐ必要があります。

アトピーで肌がボロボロの人が、「どんなコスメを使ったらいいですか？」とは、ならないですよね？

借金まみれの人が、さらに借金で宝くじを買うようなものです。

事業がうまくいっていない経営者が借金をしてお布施をするようなものです。

つまり、土台がボロボロなのに、借金で投資をしている状態に近いと思ってください。それが、どれほど、気が狂っているかわかりますか？

「秒で」「一気に」「爆上げ」「一発逆転」「裏技」といった安易な発想は、脳に1番よくありません。

まずは、マイナスをゼロに戻すこと。バケツの穴を塞ぐこと。ここをしっかりと意識してみましょう。

5　思考の癖を変えると人生が変わる理由

問題が解決しない2つの理由

問題が解決しない、または目的が達成しない場合に考えられる理由は大きく2つ考えられます。
①思い込みがある
②目的がズレている
この2つです。まず、思い込みがある場合は、問いかけて気づくことで解決します。

ここでは「目的がズレている」について詳しく解説します。

「目的」といったときに、3つあります。
①目的が、そもそもない

②目的が、ズレている
③目的が、弱い（浅い）
この3つです。

①目的が、そもそもない

あなたが本書を読んでいる目的は何ですか？

「友達に紹介されたから」「暇でやることがないから」だとしたら、そもそも、本書を読む目的がありません。

②目的が、ズレている

私の有料コンテンツに興味を持っている方に「一緒にやってみますか？」とお聞きすると、「ちょうど他の講座に申し込んで、すでにお金を払っているので、まずは、そっちをやってからにします」という方がいます。

コンテンツを利用する目的は何でしょうか？「人生を変えるため」ではないでしょうか？

「申し込んだ講座を消化すること」が目的になったり、「元を取ること」が目的になると、本来の目的からズレて遠回りをしたり、堂々巡りをします。

もちろん、その講座も脳レベルでの改善であれば、しっかり消化することで元が取れるかもしませんが、そもそも、行動レベルであれば、半年、1年、時間をかけて消化したところで、元が取れるどころか、病気も借金も人間関係も悪化しているかもしれません。

また、「金額で判断する」というのもわかりやすい例です。

例えば、現在、私は新規での個別セッションはお受けしていませんが、セッションの「内容」を聞く前に、「金額」を聞いてくる方がいます。「坂庭さんの個別セッションは、いくらですか？」と。

この時点でズレています。

払える金額なら申し込む。そうでなければ諦める。

ここでの目的は何ですか？「人生を変えること」です。だとしたら、

・目的＝人生を変えること
・手段＝その金額を用意する

になります。

あなたは、「会員制のサービス」「有料コンテンツ」「グループセッション」「個別コンサル」など、内容で判断せずに、まず金額で判断していませんか？

だとしたら、「やりたいか？　やりたくないか？」ではなく、「できる？　できない？」で判断していますから、その基準で選択しているうちは人生を変えることは難しいでしょう。

改めて目的を明確にすることが大事です。

逆にあなたのお客さんが金額から聞いてきたら「目的がズレている人」なので、お断りをするか、改めて目的を明確にしてからクロージングすることをオススメします。

最初からボタンを掛け違えていると、後々、大きなズレとなってトラブルになり、お互いに不幸

になります。

目的はズレていないか？

常にチェックしましょう。

③目的が、弱い（浅い）

私のセミナーの参加者に「セミナーに参加する目的は何ですか？」とお聞きすると、「何となく面白そうだから」「ワクワクするから」という方がいます。

これでは脳は動きません。目的が明確ではないからです。

タクシーに乗って、「お客さん、どちらまで？」と聞かれて「ワクワクするところまで」とお願いする人はいませんよね？

目的が弱い（浅い）＝絶望が足りない

と私は表現しています。絶望が足りないうちは、大して困っていませんから無理にやる必要はありません。

前記3点は、わかりやすく、かなり極端な例を出しましたが、私たちは、日常的にこのような言動をとっています。私の過去を振り返っても、うまくいかないときは、大抵、目的がない・ズレている・浅い、または思い込みがある、このいずれかに該当します。あなたも過去を振り返って答え合わせをしてみてください。

ズレた目的の具体例

喉を潤すためにペットボトルの水を買ったのに、最後はペットボトルを潰すために、残りの水を一気飲みしていませんか？

家族との一家団欒のために食事をしているのに、「余ったからもったいない」と毎回、残り物を食べて「また太っちゃった」と嘆いていませんか？

目的を常に明確にしておかないと、本来の目的から、どんどんズレてしまい、気づいたときには手遅れになります。

他にも、

・達成感、充実感、幸福感、ワクワク感、などの「～感」
・周りの評価、リアクション・好感度(モテたい、チヤホヤされたい、注目を浴びたい、見返したいなど)
・お金

など。これらは、「後から勝手についてくるもの」であり、本来、目指すものではありませんので、この時点でズレています。

特に「周りの評価・リアクション・好感度」は後から勝手についてくるものです。結果論に過ぎません。結果論に過ぎないものを追いかけるから、本末転倒になり、空回りし、追いかければ追いかけるほど相手に逃げられるわけです。

稼げない経営者、メンヘラ、非モテがドツボにハマる典型なパターンです。私もそうでした。思考の癖を整えて、負の連鎖を断ち切らないと、一生この無限ループから抜け出せません。

また、「社会貢献」「人を笑顔にしたい」「世の中を平和にしたい」「世界中の人を健康にしたい」などの美辞麗句や綺麗事の裏には、たいてい自己犠牲、エゴ、偽善が隠れています。

この時点で、すべて目的がズレています。

他人は誤魔化せても自分は誤魔化せません。「偽りの自分」を演じ、「本当の自分」との約束を破り続けるといずれ病気になります。

特に「バカにした連中を見返したい」「アイツらをギャフンと言わせたい」「アイツに土下座させたい」といったネガティブなモチベーションはうまくいきません。

ネガティブなモチベーションは、ネガティブな結果しか生み出しません。

意識が過去に向くと、脳はネガティブになり、そのネガティブな過去から逃れるために「～しなきゃ」と苦痛系が発動します。

言い換えると、ネガティブなときは、意識が過去に向いている時です。ネガティブな過去の自分にアクセスしている状態と言えばいいでしょうか。

だからこそ、常に未来に意識を向け、メリット・目的を明確にすることが大事です。

思考の癖が変わると人生が変わる理由

思い込みに気づき、それを手放すことで、前提が変わります。すると、思考の癖が変わるわけですが、では、なぜ、思考の癖が変わると人生が変わるのでしょうか？　言語化しましたので、次に解説します。

思考が変わる

←

趣味趣向が変わる

←

行動範囲、行動内容が変わる

←

出会う人の質と数が変わる

←

それに比例して収入が変わる

というプロセスがあります。

では、どうして、出会う人の質と数が変わると収入が変わるのか？　お金は人が管理しているからです。

つまり、「人間関係＝収入」です。

私たちは無人島で自給自足でもしていない限り、経済活動をしています。人も物もお金も情報も人がもたらしてくれます。いわゆるチャンスは自分で掴むものですが、人がもたらしてくれるものでもあるのです。

特にお金に関しては顕著です。謝礼や報酬、給料としてお金をもたらしてくれるのが人であれば、横領、強奪、未払い、未返済といった形でお金を奪っていくのも人です。

人間関係がよくならない限り、収入が増えることはまず、ありません。

逆に、人間関係が悪い人は、たいてい収入に困っています。「人間関係＝収入」ですので、究極的な話をすると、病気による寝たきりをはじめ、鬱状態（鬱病）、HSP、ADHDなどによる引きこもりになると、人間関係が絶たれますので、必然的に無収入になります。

親子関係、職場の人間関係、友人知人、取引先、顧客などの関わりが少なく、関係が悪いと、お金をもたらしてくれる人も支援してくれる人も、ほとんどいません。

これでお金が増えるはずがありません。では、どうしたら、人間関係が良好になるでしょうか？

思い込みに気づいてやめること、です。これしかありません。

母親、父親を始めとして、兄弟姉妹、学生時代の友人知人、職場の同僚、異性関係、すべての関わりのある人に対して、どのようなネガティブな感情を抱いているのか？　その奥にはどのような思い込みがあるのか？

本書でご紹介している問いかけ方を参考に、深掘りしてみてください。

異性にモテない人は異性に対してネガティブな感情を抱き、お金が入ってこない人は、お金に対してもネガティブな感情を抱いています。

思い込みに気づいて、それをやめるだけで、人間関係がどんどんよくなり、それに比例して、収入も増えていきます。

親と絶縁し、顧客にキレまくり、クレームが増え、スタッフが全員いなくなったところから復活し、収入のケタを1つ増やした私が言うのですから、間違いありません。

未来は過去の延長にはない

よく、「過去は変えられない。変えられるのは自分と未来だけだ」と言われます。なんとなく、かっこいい表現ですよね。でも、本当にそうでしょうか?

そもそも、脳には「過去」「現在」「未来」はありません。もっというと、妄想と現実の区別もありません。だから、アスリートのイメージトレーニングが功を奏したり、私のように過去のネガティブな記憶からくるシミュレーションで悪化するケースもあるのです。

脳の中では、常に「今」のこととしてバックグラウンドで動いています。そのため「もう何年も経っているから気にしていない」「もう大人だから」「幼少期のことだから」と放置しておくと危険です。過去の記憶が現実に悪影響を及ぼしていることが多々あります。トラウマ、コンプレックスはその典型です。

ネガティブな過去を放置しておくと、その過去の記憶に引っ張られて、前進できなかったり、行動できないケースは、よくあります。

「脳に未来も現在も過去もない」ということは、言い換えると、「過去は変えられる」ということです。

むしろ、ネガティブな過去をやり直さない限り、未来は変えられません。

また、妄想と現実の区別がない以上、相手との関係も、「すでに連絡を取っていない人」であろうと「すでに亡くなっている人」であろうと「物理的に会えない人」であろうと、やり直すことが可能、ということです。

「どうやって？」

自分と向き合って、問いかけ、深掘りすることで思い込みに気づき、ネガティブな過去の自分を癒すことで解決します。

そうすることで、自分で自分を癒し、自分で内側から満たすことができるようになります。

お金に対するネガティブな感情（ホリエモンにとってお金とは）

ワークをやります。必ず、時間をとってやってください。

あなたにとって、お金とはどんな存在ですか？　あえて、お金以外の日用品に置き換えてみてください。何になりますか？

１分でいいので、必ず、一旦ここで本を閉じて、是非、直感で答えてください。

・あなたにとってお金とは、どのような存在か？

「
・なぜ、そのようなイメージが浮かんだのか？
」

「
私のセミナーでは、多くの参加者が、いえ、ほぼ、１００％の参加者が次のような回答をします
」

・食料品
・トイレットペーパー
・水

といった回答です。

では、なぜ、そのようなイメージが浮かんだと思いますか？

その背景には「使ったら減っちゃう」「手元に残らない」という思い込みがあるからです。

コップに水が半分、入っているとして、「あと半分しかない」「飲んだら減っちゃう」「だから、飲まずに、とっておかなきゃ」という発想と同じです。

時々、「スマホ」という参加者もいますが、「便利だけど、もし、紛失したら困る」という感覚です。

いずれも、そこには恐れや不安、焦りといったネガティブな感情が潜んでいます。

さて、以前の私はお金に対して、どのようなイメージを抱いていたと思いますか？　決してオーバーではなく、次のようなイメージでした。恥を忍んできます。

タンスの奥にしまってあって、桐箱に入れてあって、恐る恐る取り出して、「使ったら減っちゃう！使ったら減っちゃう！」「また、増やすの大変だ！」「あっ、使っちゃった！　バチが当たる！　バチが当たる！」と、また、桐箱に蓋をして、恐る恐る、タンスの奥に戻す…

そんなイメージでした。まるで、腫れ物に触るように、祟りでも起きるかのように恐れていました。

これは、誇張でも何でもありません。私はお金に対して、かなりネガティブな幻想を抱き、神格化、幻想化していたのです。

まさに、拝金主義と言ってもいいでしょう。

お金に対してネガティブな感情を抱いているうちは、お金は入ってきません。仮に入ってきても、すぐに出て行ってしまいます。お金もエネルギーですので、人間と同じです。

追いかければ追いかけるほど逃げていき、ネガティブな感情を抱いているうちは、手元に残りません。

ところが、お金に対するネガティブな思い込みを手放したら、今は、どのようなイメージに変わったと思いますか？

今は単なる「ハサミ」です。

思い込みに気づき、思考を整えると、それくらい認識が変わります。これが、パラダイムシフトです。単なるハサミを、桐箱に入れて、タンスの奥にしまっておく人はいないと思います。いつでも取り出せる場所に置いてあり、日常的に使いますよね？

使っても減らないですよね？　むしろ、便利で、使えば使うほど、生産性が上がり、生活が豊かになりますよね？　それと同じです。

今は、もう、使うことに対して、何の恐れも不安も焦りも怒りも悲しみもなければ、特別な感情は一切ありません。

地元の文房具店で買ってきたハサミに特別な感情を抱き、使うたびに、一喜一憂する人は、なかなかいないでしょう。

それと同じです。

もし、あなたが、私と同じように、ハサミと同様、躊躇なく、お金を使えないとしたら、おそらく、お金に対するネガティブな思い込み・信じ込み・刷り込みがあるはずです。

ところで、後で知りましたが、ホリエモンは、お金を文房具の「糊」と言っているそうです。「使ってなくなったら、また、必要なだけ補填すればいい」という発想なのでしょう。所詮、お金なんて、文房具や筆記用具などの日用品と同じです。

それ以上でも、それ以下でもありません。

3章　収入（お金・ビジネス・仕事）編

1. 現代の錬金術。有名コンサルタントも知らない収入のケタを1つ増やす唯一にして最大の秘訣

新時代の収入を増やす究極の方法

「坂庭さん、心と体はつながっていますよね。だから、心（脳）を整えることで、病気をやめられるのはわかりました。でも、どうして、脳を整えると収入が増えるのですか？」というご質問をよくいただきます。

別のところで解説した通り、「人間関係＝収入」だからです。私もクライアントさんも、紛れもなく、人間関係を改善したことで収入を増やしています。逆に、人間関係がよくなっていないのに、収入が増えるということは、まず、ありません。

もっと言うと、人・物・金・情報、いわゆる「チャンス」はすべて人がもたらしてくれます。その辺で黙って待っていれば、どこからか降って湧いてくるわけではありません。

また、「類は友を呼ぶ」と言います。不平、不満、愚痴を言う人の周りには、不平、不満、愚痴を言う人が集まり、メンヘラの周りにはメンヘラが集まり、非モテの周りには非モテが集まります。傷の舐め合いです。

関わる人の質と数が悪いと、それに比例して、お金だけでなく、「人生の質」が落ちます。いくら、

食事・睡眠・運動を意識したところで、ＱＯＬ（クォリティ・オブ・ライフ）は向上しません。

つまり、人生を変えたいなら、人間関係の改善は避けて通れない、ということです。

地味ですが、これが錬金術の本質です。ここから目を背けても、結局は時間とお金と労力を無駄にして、遠回りするだけです。

×副業
×投資（株、ＦＸ、仮想通貨、不動産）
×ネットワークビジネス（権利収入）
×フランチャイズビジネス
×自動売買

これらのものは所詮、「砂上の楼閣」に過ぎません。つまり、幻想です。私も散々、それらのものに手を出し、最後は借金だけが残りました。

もちろん、可能性としてゼロではありませんが。安定して収益を確保できる見込みはほぼゼロに等しい、または、時間や労力が、かかりすぎるという側面があります。

私みたいに借金をして投資(ギャンブルや新たな事業)をすることほど、愚かなことはありません。借金が増えるだけです。宝くじは３０００円が３００円になる紙切れです。冷静に考えれば、借金で宝くじを買うのは、もはや、正気の沙汰とは思えません。

「宝くじやギャンブルに手を出す＝本業で稼げない自分」を確認する作業なので、会社員でも経営者でも、今の仕事でそれ以上、収入が増えることはありません。むしろ、やればやるほど悪化し、借金が増えます。

もし、あなたの旦那さんが、仕事に精を出さず、宝くじやギャンブルにお金を使っていたら、もはや絶望的です。新しいＡＴＭに乗り換えることをオススメします。

ほとんど収入もない、あるいは借金があるのに寄付・献金・布施をするのも同じです。本末転倒です。

博打で投資（ギャンブルや新たな事業）をしても、借金で一発逆転を狙っても、なけなしのお金でお布施をして神仏にすがったところで、借金が増えることがあっても、収入が増えることはありません。いい加減、目を覚ましましょう。

それよりは、現実的に人間関係を改善することが、収入を増やす近道であることを是非、頭に刷り込んでください。

収入を増やす具体的な３つのポイント

次の通りです。

①人間関係を改善する

これは先の通りです。

②お金を稼ぐ目的を明確にする

「目的」と言うときに３つあります

・目的がそもそもない
・目的がズレている
・目的が浅い（弱い）

この３つです。

目的がズレると、うまくいきません。１６０頁「お金を稼ぐ目的を明確にする」で改めて解説します。

③お金を追いかけない

お金も恋愛も「追いかければ追いかけるほど逃げていく」という特徴があります。では、どうしたら追いかけなくなるのか？　いくら頭でわかっていても、つい、やってしまうのが人間です。

「やめられない、とまらない」

「わかっちゃいるけど、やめられない」

そんな感覚ですよね？　安心してください。思い込みに気づき、欠乏感、渇望感、不足感がなくなれば、「まだまだ」「もっともっと」という感覚もなくなるので、自然と追いかけなくなります。頭で考えて、理屈で理解していても解決しません。

腑に落ちて感覚的に掴んでいることが大事です。結局、「問いかけて、気づいて、やめる」それしかない、ということがわかるでしょうか？

本書を通じて、私はそれしか言っていません。なぜなら、それが本質だからです。毎回、毎回、違うことをコロコロ言っていたら、それは、本質ではない、ということです。

「これからはネットワークビジネスです！」

「フランチャイズビジネスです！」

「仮想通貨です！」

「風の時代です！」

「潜在意識を書き換えましょう！」

「宇宙とつながりましょう！」

「腸活が大事です！」

「質の高い睡眠が大事です！」

「このサプリを飲みましょう！」

「副業をやりましょう！」

「嫌われる勇気を持ちましょう！」

「風水をやりましょう！」

一体、何をやればいいのでしょうか？

私は一貫して、「脳の使い方」しか言いません。

なぜなら、これが本質だから、です。

あなたが「成功」できない最大の理由

あなたが「成功」できない最大の理由は、「運が悪いから」でもなく、「生まれた星が悪いから」でもなく、「努力が足りないから」でもありません。

ズバリ、「成功の定義」を明確にしていないから、です。

「何がどうなったら成功と言えるか？」を自分なりに決めておく、ということです。

ここを明確にしておかないと、他人の成功の定義を刷り込み続け、堂々巡りをしてしまいます。

詳しくはこちらをご覧ください。

【極秘】個別コンサル級②これでダメなら諦めろ！坂庭vs三宅さん（弟）対談2本目

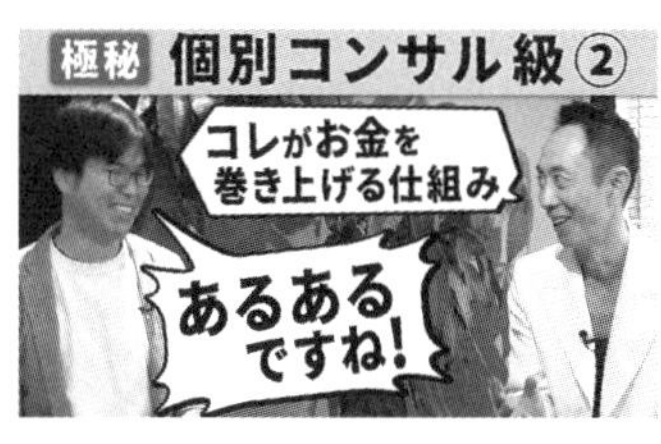

例えば、「高級車に乗りたい」と思ったとします。高級車といっても、人によって「定義」が違います。

「幸せ」も然り。人によって「幸せの定義」がそもそも違います。

「自分にとっての幸せの定義」が曖昧だと、有名インフルエンサーの生活を見ては「あれが幸せなのか」と思い込み、一流モデルの生活を見ては「あれが幸せなのか」と上書きし、芸能人の生活を見ては「これが本当の幸せなのか」と、上書きし続けます。

では、お聞きします。

あなたにとっての「成功」とは、「幸せ」「豊か」とは、何ですか？「何がどうなったら成功、あるいは幸せ、豊かと言えますか？」「成功」や「幸せ」「豊か」を目指すのであれば、それぞれの定義を明確にしましょう。

自分の「定義」を明確にしていないと、他人の定義で上書き、上書きしてしまい、自分の定義がどこかへ行ってしまいます。

お金を稼ぐ目的を明確にする

出発する前に当然、ゴールを設定しておかないと、人生の目的に辿り着くことはできません。

例えば、タクシーに乗ったときにドライバーさんに聞かれたとします。

ドライバーさん「お客さん、どちらまで？」

あなた　「ワクワクするところまでお願いします」

ドライバーさん「えっ！？　ワクワクするところ、って……具体的にＴＤＬとかＵＳＪとか、あるいは住所で教えてください」

あなた　「だから、ワクワクするところですよ」

ドライバーさん「……」

となるわけです。

あなたは、「それをやる目的」を常に明確にしていますか？

「目的」と言った場合、３つあります。

①目的がそもそもない

②目的がズレている

③目的が浅い（弱い）

です。

それをやり始めた当初は確かに必要だったけど、「今はもう、必要がない」というものもあります。

行動する前に、毎回、「それをやる目的は何か？」と自分に問いかけ、目的を明確にする癖をつけましょう。

「目的」に関しては、左記の動画で詳しく解説しています。

三宅さん（弟）との対談は、個別コンサルでしか通常、回答しない部分まで深くお伝えしています。是非、参考にしてください。

【極秘】個別コンサル級②これでダメなら諦めろ！坂庭vs三宅さん（弟）対談2本目

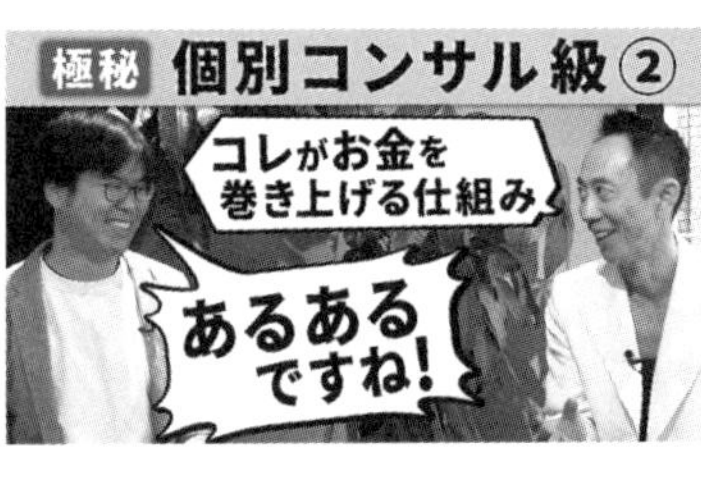

有名コンサルタントも知らない「年収300万円の人」と「年収3000万円の人」との本当の違い（なぜ、お金に余裕のある人は時間にも余裕があるのか？）

年収300万円と年収3000万円の人とでは、決定的に稼働時間が違います。前者は、バイト、パート、非常勤、日雇い、正社員も含め、行動レベルの対症療法が10割です。おそらく、あなたはこれまで「行動レベル10」「脳レベル0」の状態で、その場しのぎをしてきたはずです。

終わりのない堂々巡りですから、次第に疲弊し、最後は倒産・破産するか、寝たきりになるか、自ら命を断つことになります。

一体、何が両者の違いをもたらしているのでしょうか？　もちろん、「仕組み化している」こともありますが、それだけではありません。

実は、脳レベルの改善と行動レベル改善の比率が圧倒的に違うのです。今のあなたが行動レベル：脳レベルの割合が９：１だとしたら、成功者は行動レベル：脳レベルの割合が１：９です。

つまり、無意識的に脳レベルで改善しているからこそ、行動レベルのバタバタが少なく、時間が余っているのです。その時間、問いかけまくり、思い込みに気づきまくり、最終的な段階で行動レベルに移しています。または仕組み化し、人に任せています。

言い換えると、それくらい、脳レベルでの改善のほうが、変化が速くて大きい、ということです。

経営者の場合、「資金が足りなくなったら、また金融機関から追加の融資を受ける」という行動レベルの対症療法よりも、「お金に対するネガティブな思い込みに気づいて、それを手放す」という脳レベルの改善をしたほうが、結果として、速く大きな変化をもたらします。

行動レベルマックスだとバタバタし、貧乏暇なしから、自転車操業になり、最後は借金まみれになります。目の前のお金を追いかけているうちは一生、経済的に豊かにはなれません。

もちろん、いきなり、「脳レベル９、行動レベル１」には持っていけませんから、行動レベルと脳レベルのハイブリッドでやるのが得策です。行動レベルの対症療法で進行を遅らせておきながら、同時に脳レベルで改善を進め、徐々にウェイトを移していきましょう。

行動レベルの対症療法は確かに「やった気に」なり、「達成感」や「充実感」はありますが、結果、改善に至っておらず、堂々巡りを繰り返します。

あなたも脳を整え続ければ、いずれは、「行動レベル1：脳レベル9」でも、今よりも収入が増えます。そして収入のケタが1つ増えます。ここまで来たときに、初めて、「仕組み化」が必要になってきます。

今からでもいいので、コツコツ毎日問いかけましょう。

2. お金に羽が生えて飛んでいく人と、お金が後からついてくる人の決定的な違い

あなたの「生きる目的」は何ですか？

私たちの人生で最も重要なテーマ、それは「生きる目的」です。

セミナーでもコンサルでも、

・病気を治すこと
・お金を稼ぐこと
・恋愛や人間関係を改善すること

これらが「目的」になってしまっている人が非常に多いのが現状です。

もっと言うと「結婚」も目的ではなく、手段にすぎません。「結婚をする目的」は何でしょうか？目的がズレるとうまくいきません。

「え、何が悪いの？　だって、病気を治したいし、収入を増やしたいし、恋愛や人間関係をよくしたいと思って悩んでいるし、頑張っているのだから」と思うでしょう。

ところが、これらは、すべて「手段」であって、「目的」ではありません。手段と目的を履き違えてしまうと、堂々巡りから抜け出せません。これを「手段の目的化」と言います。

「そもそも、どういう人として、どういう生き方をしたいのか？」が大事です。

・病気を治すことが目的
・お金を稼ぐことが目的
・異性からモテることが目的

この状態では、病気の自分を確認し続けることになり、お金がない自分を確認し続けることになり、異性からモテない自分を確認し続けることになります。

常に、ネガティブな自分、ネガティブな過去にアクセスし続けているのがわかるでしょうか？そのネガティブな自分、ネガティブな過去から逃れるために、「あれしなきゃ、これしなきゃ」と義務感に駆り立てられ、脳が苦痛系になってしまいます。

やればやるほど、ストレスになり、ストレスホルモンが分泌し、内臓がダメージを受けます。

大事なのは「生きる目的」です。「そもそも、どういう人として、どういう生き方をしたいのか？」

が大事なのです。

結婚も然り。「結婚して終わり」ではなく、結婚後も人生は続くわけですから。だとしたら、「結婚する目的」は何でしょうか？

いかに「生き甲斐」と「やり甲斐」は異なります。「仕事のやり甲斐＝生き甲斐」ではありません。

そして、いかに「生き甲斐」と「やり甲斐」を見出すか？

ここがポイントになります。「生き甲斐＝やり甲斐」をリンクさせるか？ 「生き甲斐＝やり甲斐」になると、朝起きてから、夜寝るまで、すべてが「生きる目的」になります。つまり、いい意味でオンもオフもなくなります。

言ってみれば、ずーっとオンであり、ずーっとオフの状態です。それでいて、しかもストレスがない、ニュートラルでフラット、使命感はあるものの、義務感、苦痛感がない、すべてが喜びでしかない。生き甲斐がやり甲斐、やり甲斐が生き甲斐。これが生きる目的です。

決して、「生活のため」「お金のため」ではありませんし、「誰かに叱られるから」でもなければ、「誰かに認めてもらいたいから」でもありません。

こちらの動画もご覧ください。

【極秘】個別コンサル級②これでダメなら諦めろ！坂庭vs三宅さん（弟）対談2本目

では、「生きる目的」とは何でしょうか？　さらに詳しく解説します。

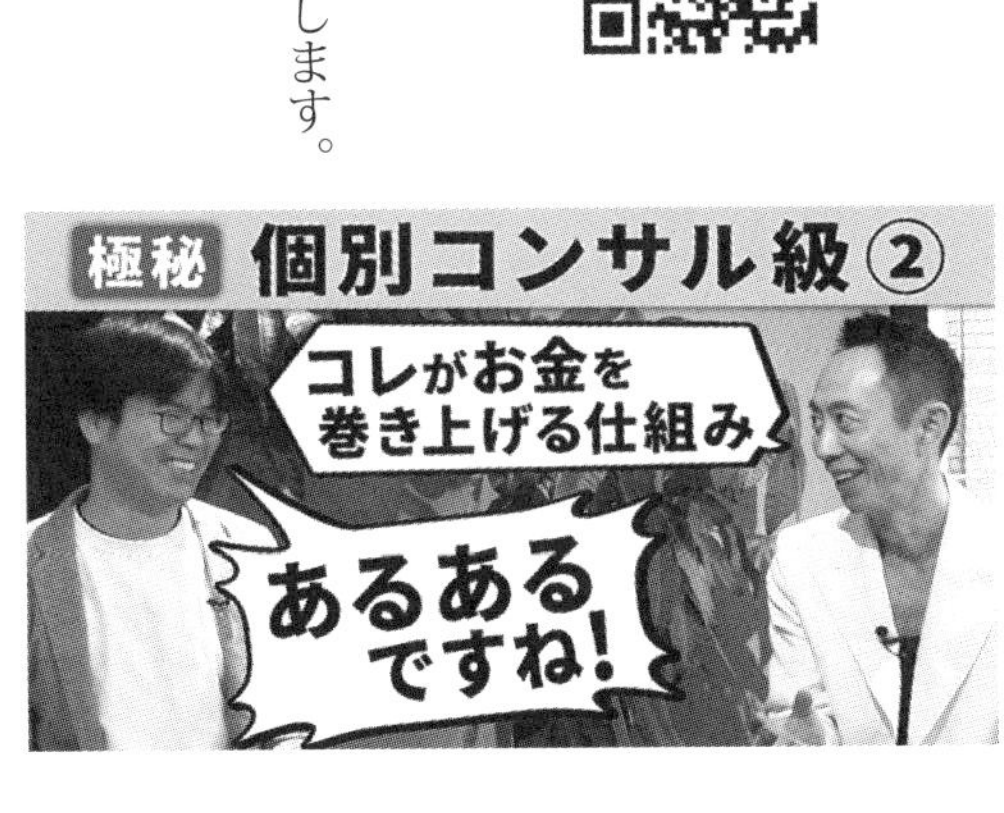

Be　あり方　「どういう人として？」
↓
Do　戦略　「どのような手法で？」
↓
Have　成果　「どのような結果を得たいか？」

この順番が大事です。

そして、「生きる目的」を支える上で、まず、Be　あり方　「どういう人として？」がポイントになってきます。

例えば、

「年収1億！」

「セミリタイア！」

「アーリーリタイア！」

「FIRE！」

「パーティー！」

これらはすべて成果としての「Have」に焦点を当てており、次にそのための「戦略」であるDoを立て、Be「あり方」がない状態です。逆行しているのがわかるでしょうか？

そして、何よりも「理念」「哲学」がありません。

「私の理念は私のお金儲けです」「私の哲学は私のセミリタイアです」

はい、以前の私です。

こんなものは「理念」でも何でもありません。単なる「エゴ」であり、「金の亡者」です（今思うと「ゴミ」です、「ゴミ以下」です）。

口では「社会貢献！」「世の中に笑顔！」「世の中に健康！」「世界平和！」といいながら、自分の家賃の心配をし、借金の心配をし、生活費のために必死にセールス。

偽善です。このようにズレている人も非常に多いです。

以前、私は社会人に行政書士試験の受験指導をしていましたが、ネットカフェ難民の人から「私も法律家になって社会貢献します！」というメッセージをもらったことがありました。

「その前に、ネットカフェ難民からまずは卒業しましょう。社会貢献はその後です」と返信したことがあります。自分のケツが拭けない人は、他人のケツは拭けません。自分のコップがカツカツなのに、どうやって他人のコップを満たすのでしょうか？

稼げない経営者の多くが、この「偽善の罠」「エゴの塊」に陥っています。自覚がない人が多いので、もっと直接的に言いましょう。

「今月、あと3件、契約が取れたら、来月もソロキャンプする時間が取れそうなんですが、申し込んでももらえませんか？」と私があなたにお願いしたら、どう思いますか？

「何で、あんたの遊ぶ金欲しさのために、私が汗水垂らして稼いだお金を払わないとイケないんだ！？」と思いませんか？　至極真っ当な反応です。そんな人に誰がお金を払いたいと思うでしょうか？

でも、稼げない人の多くが、これをしています。実際に私はこれをやっていました。

口では「社会貢献！」「世の中に笑顔！」「世の中に健康！」「世界平和！」といいながら、本当は、自分の家賃の心配をし、借金の心配をし、贅沢をするために必死にセールスをしています。

抽象度の低い人の駆け引きなんて、抽象度の高い人には透けて見えてると思っていいでしょう。バレてないと思っているのは自分だけです。全部、伝わっています。

「そもそも、どういう人として」のBeが大事なのです。
是非、そこを明確にしましょう。

誰のために何のために輝くのか？

「エゴか？　生きる目的（哲学・理念）か？」という話になりますが。

・自分が注目を浴びて、チヤホヤされたくて輝くのか？　あるいは、周りを照らすために自分が輝くのか？

・業界でNO1になりたくて、集客、マーケティング、ブランディング、仕組み化するのか？　あるいは、世の中にさらに価値をもたらすために集客、マーケティング、ブランディング、仕組み化するのか？

それによって、発するエネルギーが違います。なぜなら前者はエゴだからです。

つまり、業界で自分がNo1になろうとするのは「エゴ」であり、業界を通じてよりよい世の中にしようとするのが「生きる目的」である。

マーケティングを通じて収入を増やそうとするのは「金の亡者」であり、マーケティングを通じて、世の中に価値を広めようとするのが「リーダー」である。

自分が注目を浴びたいからソーシャルを使うのは「リア充のアピール」であり、自分の価値を世の中に広めるためにソーシャルを使うのは「ブランディング」である。

という意味です。

是非、ご自分に照らし合わせてみてください。違う景色が見えてくるはずです。目的がズレるとすべてがズレていきます。たった1つのボタンの掛け違いからビジネスも恋愛も人気関係も狂っていきます。逆に最初の1つが整うと、他もすべて整います。

現実がこじれているとき、物事がうまくいかないときは、思い込みがあるか、目的がズレているときです。

私は幼少期からブラウン管の向こうにある、東京タワーにずっと憧れていました。だからこそ、一浪をしてでも東京の大学に進学しました。

大学のキャンパスの屋上。授業をサボり、昼間から東京タワーを何時間も眺め、そのまま夕方になり、渋谷から東京タワーまで歩いたことが何度となくあります。

なぜ、東京タワーに憧れていたのか？　注目を浴びたかったから、です。「チヤホヤされたい」「目立ちたい」だから、誰よりも輝きたかったのです。

今は違います。

「自分が注目を浴びてチヤホヤされるために輝く」のではなく、「世の中の人を照らすために自分をさらに磨き、輝かせる」という感覚です。

そのための自己投資をし続けています。

つまり、エゴか？　生きる目的か？

同じ「輝く」でも、「自分が注目を浴びたいから輝く」のは所詮エゴに過ぎません。「他人を輝かせるため」すなわち、生きる目的です。

自分が満たされたいからパワーストーンを身につけるのか？　世の中に愛とエネルギーを届けるために身につけるのか？　これもエゴか？　生きる目的か？　です。

それ自体がよい・悪いではなく、その背景にある目的です。「何をするのか？」「何を言うのか？」ではなく、「どのような思考でやるのか？」が大事、という意味です。

これを頭で考えて理屈で理解して、「よし、私も坂庭みたいに周りを照らすために東京タワーになるぞ！」これでは意味がありません。腑に落ちて感覚として掴み、あなただけの「生きる目的」を見つけてください。

あなたにも必ず、「生きる目的」があるはずです。そして、それには脳の使い方を変えるだけです。

「生きる目的」は余白に宿る

「頭空っぽのほうが、夢、詰め込める」

これはアニメ「ドラゴンボール」の歌詞の一節です。

詰めすぎた脳には夢(生きる目的)が宿りません。宿る余地がありません。詰めすぎたスケジュールにアイデアは降りません。降る余地がありません。

私たちは必死に知識を詰め込み、頭でっかちになり、メモリはパンパンに。さらに、スケジュールまで、パンパンに詰め込んでいます。

それで、問題解決につながっている気になり、人生が充実した気になっているのかもしれません。

果たしてそれで、「夢（生きる目的）」が達成できるでしょうか？

ここに2人の保険の営業マンがいます。

1人は「会ってナンボ。会って種を蒔かないと、将来の契約につながらない」と必死に朝から晩までアポを入れ続け、目先の利益ばかり追いかける営業マン。

他方は、できる限り、アポは入れずに、昼間は自分の時間を過ごし、お客様からお呼びがかかったときだけスーツに着替えて、会いに行く、長期的な成果を目指す営業マン。前者はコロナで全滅。なぜなら、「会ってナンボ」の営業マンにとって、接見禁止は致命的なダメージだからです。

ところが、後者は、そもそも、「会ってナンボ」というスタイルではないため、ほとんどコロナの影響を受けませんでした。むしろ、日頃から重大な局面でお客様から電話が入るため、1件につき、数千万円や場合によっては億を超えるお金をお預かりすることも。

前者と後者の違いはズバリ、「単なるセールスマン」か、「頼れる仲間」か、です。会うたびに、「この業界に太いパイプのある人を紹介してください！」「あの人と私をつないでください！」とお願いしまくり、煙たがられ、プライベートでは、一切、声がかからない存在か？

それとも、会ったときにも一切セールスをせずに、プライベートでも誘われて、勝手に紹介が出る存在か？

この違いです。エゴか？　生きる目的か？

もし、目の前で、あなたの大切な人が困っていたとして、朝から晩までアポが埋まっていて、あなたが貧乏暇なしだったら、手を差し伸べることができるでしょうか？

重大な局面で、アポが取れず、チャンスを逃すでしょう。そして、煙たがれるウザい存在は「金の切れ目が縁の切れ目」です。契約が満了すれば、ハイ、それまでよ。プライベートで声が掛かることもありません。

「単なる保険の営業マン」に声を掛ける理由がありますか？　むしろ「どうせ、また売り込まれる」と思われています。

では、そう思わせたのは誰の責任ですか？

あなたが「貧乏暇なし」で「煙たがれるウザい存在」をやめるのは、決して、あなたのためだけではありません。

あなたが、こうして、堂々巡りをしている間にも、大切な誰かを待たせているはずです。それでは、いつまで経っても「夢」を果たすことはできません。

「札束よりも夢を追え」という言葉がありますが、ここで私が言う「夢」とは、「好き勝手に生きる」「好きなことだけして生きていく」という意味ではありません。「生きる目的」のことです。

※生きる目的に関しては181、182ページの動画を視聴してください。

では、どうしたら、後者のような営業マンになれるのか？

脳の使い方を変えるだけ、です。

本書でお伝えしている通り、脳の使い方を変えれば後者の営業マンにあなたもなれます。

「億り人」「セミリタイア」「ＦＩＲＥ」「アーリーリタイヤ」で豊かになれない理由

時々、質問されます。「坂庭さん、生きる目的なんて、必要なんですか？」と。

逆にお聞きします。「では、あなたは何のために生きているのですか？」と。

「生きる目的」がないから、その手段であるお金も入ってこないですし、病気にもなるのです。以前、私も生きる目的なんてありませんでした。お金のために働き、働くために生きていました。

そして、消費しては、また、足りなくなったお金を補うために仕事に行って稼ぐ。この繰り返しです。

国家資格を取得し、起業して、バッヂをつけても、肩書きが変わっただけで、やっていることは同じです。つまり、「お金のために働く日々」から抜け出せなかったのです。お金のために働くと、堂々巡りから、抜け出せなくなります。

なぜか？

お金は手段であって目的ではないから、です。

手段といっても、

・家賃を払うため
・食材を買うため
・ガソリン代を払うため
・交際費を捻出するため
・日用品を買うため
・家族を養うため
・エステやマッサージに通うため
・趣味を楽しむため
でも、ありません。

　まして、
・貯金をするため
・保険や投資する資金を捻出するため
でもありません。

　生きる目的、つまり、使命（ミッション）を達成するための資金に過ぎない、ということです。もっというと、家庭を持つこと（家族を養うこと）ですら、手段に過ぎません。それなのに、結婚が人生のゴールだと勘違いすると、不幸になります。なぜなら、結婚はゴールではないから、です。

　わかりやすいのが、ホリエモンです。彼は自分が生きている間に人類を宇宙に行かせることが彼の生き甲斐、つまり、ミッションであり、生きる目的の人です。

ロケットを1発打ち上げるのに億単位の資金が必要だそうです。彼にとって、ビジネスは、その資金を捻出するための手段に過ぎません。そして、バツイチの彼にとって、家庭は生きる目的を達成するためには足かせになったのでしょう。

「結婚すること」が人生のゴールではなく、家庭を築くこと、一つ屋根の下に暮らすことだけが、幸せの形ではありません。人によって、幸せの形は違いますし、違っていいのです。

ホリエモンは、今では自宅すら所有せずに、世界中を移動してビジネスをしながら生きる目的に邁進しています。

決して、「お金を稼ぐこと」や「家庭を持つこと」、あるいは「セミリタイアすること」「貯金すること」「楽して稼ぐこと」「投資をして資産を構築すること」が目的ではない、ということです。

・億り人
・セミリタイア
・ＦＩＲＥ
・アーリーリタイヤ

という言葉をよく耳にします。彼ら彼女らに共通しているのは、「生きる目的がない」「仕事にやりがいを感じていない」ということです。

個別のコンサルをしていても「楽して稼ぎたい」「今の仕事が嫌い」「働くのが嫌」「苦労するのが嫌」

というケースが非常に多いのが特徴です。

生きる目的もなく、単に現実逃避の堂々巡りをしているだけです。当然、そのような人の口からは「月収」や「年収」「不労所得」や「セミリタイア」という言葉は出てきても、「哲学」や「理念」が語られることはありません。

そのため、ビジネスで億万長者になり、セミリタイアした起業家であっても、生きる目的がないため、鬱状態になって、また、ビジネス界隈に戻ってくる成功者もいます。

彼ら彼女らは、ビジネスでは一度は成功したかもしれませんが、残念ながら人生で成功はしていません。なぜなら、生きる目的がないからです。

本当にその仕事が好きで、やり甲斐や使命、ミッションを感じていれば死ぬまでやり続けたいはずです。野球のイチロー選手や大谷翔平選手、ボクシングの井上尚弥選手が、「あと何億稼いだらやめる」なんて、言うでしょうか？

おそらく、死ぬまで、野球やボクシングに携わっているはずです。

それでは、あなたの生きる目的は何ですか？　いつまで目的のないマラソンを続けるつもりですか？　だから、お金が目的になり、堂々巡りから抜け出せないのです。

コーチ、コンサル、セラピスト、カウンセラー、ヒーラー、トレーナー、親、先生、お坊さんですら、生きる目的が明確になっていません。だから、堂々巡りから抜け出せないのです。ハムスターのカラカラと同じです。

かつての私が、まさにそうでした。それでは、クライアントの堂々巡りを解決することは不可能でしょう。ホームランを打ったことがない人間は、他人にホームランの打ち方を指導することは不可能ですから。練習でオーバーヘッドを決めたことがない選手が、本番でオーバーヘッドを決められるはずがありません。

「坂庭さん、私はフツーの主婦です。お金が世の中にもたらす価値の対価だとしたら、私は何の対価も受け取れません」という方もいます。

「生活のために働いて稼ぐこと」が悪いとは言いませんが、やはり、その程度のお金しか入ってこないことは現実として理解しておきましょう。

世の中に価値をもたらすために１００年後、２００年後を見据えて使命を果たしている人と、自分の生活のために今日の生活費を稼ぐ人とでは、当然、受け取る対価は異なります。

自分の生活のために稼いでいる人が億万長者になることは、ほぼ、不可能です。

なぜなら、「自分のため＝エゴ」であり、富を得るに見合うだけの価値を世の中にもたらしていないからです。

あなたがユーザー（消費者）だったら、何の哲学や理念もなく、単に自分の生活費を稼ぐためだけに働いている人に、高額を支払いたい、と思うでしょうか？

あるいは、「あと何件、施術をこなさないと、家賃が払えないから、私のサービスに申し込んでください」というセラピストに、自分が額に汗して稼いだ大切なお金を喜んで払う人がいるでしょょうか？

かつての私と同様、稼げない経営者の多くが「自分がいい暮らしをするためにお金を払ってください」とお客さんにお願いしてしまいます。直接、口に出していなくても、それが伝わっている、ということです。

たとえば、私が、「本書を1か月で、あと１００冊売らないと、ソロキャンプをする時間とお金が捻出できないので、1人、10冊買ってください！」とお願いしたら、あなたは喜んで買うでしょうか？

「知名度を上げて人気者になり、チヤホヤされたいので、この本を拡散して、1人でも多くの人に広めてください！」とお願いしたら、喜んでシェアしてくれるでしょうか？

自覚がないだけで、それと同じことをお客さんに、あるいは社会に要求しているのです。

エゴ、ってやつです。

だから、お金が入ってこないということに気づく必要があります。

中にはこのような方もいます。「お金が世の中にもたらす価値の対価なら、お金が入ってこない私は価値がない人間なんですね……」と。

人間としての価値がないからお金が入ってこないのではなく、生きる目的が明確になっていないからお金が入ってこないだけです。そもそも価値のない人間なんて1人もいません。

あるいは、世の中にもたらす価値が小さいから、その程度のお金しか入ってこないのです。

あなたの人格や人間性とは何ら関係はありません。

これまでにブレイクスルーした私のクライアントさんを見ても、「生きる目的」も明確になっていないのに、「なんとなくビジネスをしていたら、お金持ちになっちゃった」「フツーの主婦なのに気づいたら億万長者になっちゃった」と言う人は1人もいません。

エゴの塊にも関わらず、お金が自然と継続的に入ってくるようになった方も1人もいません。

逆に、一時的に億万長者になっても、「生きる目的」がなかったばかりに、一度はセミリタイアしたものの鬱状態になってビジネス界隈に戻ってくる人は少なくありません。

それくらい、生きる目的は大事なテーマなのです。

生きる目的に関しては、こちらの2本の動画を視聴してください。

人生で最も大事なテーマ「生きる目的」について

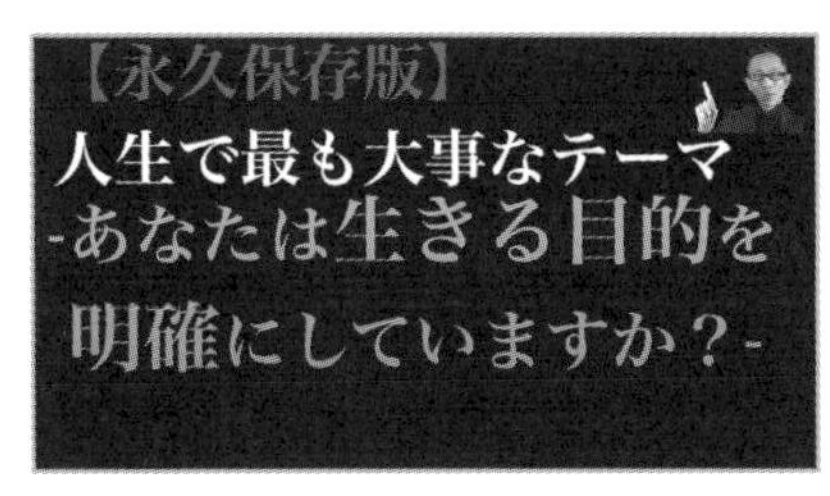

ネットワークビジネスにどハマりする主婦の最悪な3つの共通点

MLM
multilevel marketing system
にハマる主婦
3つの共通点

⇩生きる目的
⇩ネットワーク

オンとオフの切り替えで鬱状態になる

よく「オン、オフを切り替えましょう！」と言われますが、これも危険です。

鬱状態のクライアントさんに個別のセッションで「ところで、オン、オフの切り替えはどうしていますか？」とお聞きすると、「はい、ちゃんとしています」という方が非常に多いので、以前から疑問に思っていました。

真面目で、オンオフの切り替えをしっかりしている人ほど、鬱状態になっていく……。

分析していくうちに共通して見えてきたことがありました。

・仕事帰りに毎晩、居酒屋で飲む
・週末はダンスで無我夢中
・休暇は山、川、海、レジャーランド

など、非現実、非日常を求めて、ストレス発散でオンとオフの切り替えをハッキリしている人ほど、鬱状態になることがわかりました。

「無我夢中」とは、まさに「我を忘れて」という感覚です。ある種の現実逃避です。

もちろん、それらの行為が悪いわけではありません。むしろ、子どもから大人まで楽しめる素晴らしいものですが、「何かから逃れるため」という感覚でやると脳にはよくないのです。

そもそも、朝から晩まで「生きる目的」で活動していたら、オンもオフもなくなります。

医者は白衣を脱いでも医者です。白衣を着ていないからといって、目の前に人が倒れていたらまたいで行くことはないでしょう。

言い換えると、「オンとオフの切り替えをしている＝生きる目的で生きていない」ことを意味します。

また、ストレス発散という発想も、その場しのぎですので、ストレスが溜まったら、また、発散することになります。「ストレス社会」と言われますが、「ストレスが溜まらない生活を送る」のではなく、「ストレスの原因」を突き止め、根本的に解決する必要があります。

では、ストレスとは何か？　ストレスの正体は、ズバリ、「～しなきゃ」の義務感です。その義務感の奥には、どのような思い込み、信じ込み、刷り込みがあるでしょうか？　是非、問いかけてみてください。

3 「お金＝力」の時代は古い価値観。時代に埋もれたくないなら古い価値観を捨てよう

「お金＝力」は古い価値観

「お金＝力」という時代は「とっく」の「とっく」に終わっています。

「坂庭さん、お金さえあれば、問題の9割以上は、解決すると思っています！　だから、とにかく稼いで今の状況を抜け出したんです！」このようなご相談は非常に多いです。痛いほどわかります。私も、そう思って生きてきた1人ですので。

いわゆる

お金＝力

お金＝豊かさ

お金＝幸せ

という価値観です。残念ながら、資本主義の古い価値観にどっぷり浸かっている証拠です。「毒さ

れている」と言ってもいいでしょう。
「いい高校を出て、いい大学に入り、いい会社に勤めれば幸せになれる」と同じくらい毒されています。今時、この価値観を鵜呑みにする人はほとんどいないでしょう。
お金も然り。
グローバルで見ると、
資本主義の時代
←
知識情報の時代
←
感性の時代
と言われています。これは私が勝手に言っているわけではなく、グローバルな流れで見た場合に、世の中全体がそうなっていますよね、ということです。
ネットビジネスの流れを見ると、まさに一致しています。
私が起業して数年経過した頃に、知識情報の時代がやってきました。２００５年以降でしょうか。この頃になると、コンテンツ販売といって、まさに「情報商材」が流行り、単にお金を持っている人ではなく、知識や情報を持っている人が力を持っている時代に突入しました。コンテンツホルダーといって、コンテンツを持っている人はお金に困らない時代です。

私自身、知識情報の時代に情報商材（コンテンツ販売）を扱った1人ですが、面白いくらい、イケイケどんどんで右肩上がりに業績は伸びていきました。

ネット業界では「ゴールドラッシュ」と言われる時期で、情報商材アフィリエイターも増え、ASPといったサービスや無料レポート配信スタンド、メルマガ配信システム、ステップメール配信なども乱立した時代です。

「アメブロ」や「ミクシィ」で足跡を自動でつけて回るスパムツールも出回りました。そして、この流れは東京オリンピックの前後まで続いたと見られています。

たとえば、東日本大震災を思い出してみてください。この頃までは、まだ、お金と情報を持っている人は西へ西へと逃げ、中には海外へ逃げて、そのまま戻ってこない富裕層の日本人もいます。

ところが、コロナになってから、どんなにお金を持っていようが、知識や情報を持っていようが、人類は地球上で逃げ場を失いました。

コロナ以降、力を持っているのが、「感性を磨いた人」と言われています。知識や情報を知恵にまで昇華した人たちです。

コロナ前後から哲学の本が出回ったのをご存知の人もいるでしょう。

実は、海外のビジネスマンは、すでにその10年以上も前に「今後は感性の時代が来る」と予見しており、美術や哲学を学び始めていたと言われています。

わかりやすく言うと「誰がコロナを広めたのか？」「コロナは人為的なテロか？」「ワクチンは打

つべきか？　打たないべきか？」といった論争は、知識や情報の範疇です。

感性の時代においては、「我々はこの出来事から何に気づこうとしているのだろうか？」「コロナが私たちに一体、何を教えようとしているのか？」という捉え方が、まさに、感性の時代です（模範解答のない哲学の世界といってもいいでしょう）。

私が今の脳の使い方を始めたタイミングが、ちょうど「感性の時代」でした。

病気の背景にある心理的な要因を探る、あるいは、問題のその奥にある、本質を掴む、自分で答えを見出す、これこそが、今の感性の時代に求められている感覚です。

それにも関わらず、我々、日本人においては、コロナ以降も、未だに「お金に」に囚われている人が圧倒的に多いのも事実です。

「モテたいならビジネスで成功して金持ちになれ」

「夢を叶えたいならお金が必要だ」

「お金さえあれば幸せになれる」

「お金さえあれば、問題の大半が解決する」

「お金さえ払えば、誰かが何とかしてくれる」

「お金を払って専門家を雇えば問題が解決する」

確かに資本主義の時代においては、まだ、通用する価値観ですが、「知識情報」の時代を経て、「感性の時代」と言われてすでに久しい今、「お金＝力」という発想は、「とっく」の「とっく」に終わっています。

「とっく」の「とっく」というのは、単に誇張しているわけではありません。

今は感性の時代であり、その前の知識情報の時代、さらにその前の資本主義の時代は、「とっくのとっくの昔ですよね？」という意味です。

その古い価値観に囚われている間は、残念ながら、あなたが幸せになることは、まず、ありません。

一言で言うと「時代遅れ」だからです。

アプリの電卓で計算できるのに、今からそろばん塾に通いますか？　今時、ケミカルウォッシュをはいたメンズと一緒に手をつないで歩きたいですか？　今時、ガングロのギャルと遊びたいですか？

それくらい、時代錯誤なのです。「確かにそれが必要とされた時代もあるけど、今となっては、もはや廃れている価値観」という意味です。

この古い価値観を痛烈に批判したのが、ブラッドピッド主演の映画「ファイトクラブ」です。非常に示唆に富んだ映画なので、是非、繰り返し視聴してください。私のクライアントさんには必須で、観てもらっています。個人的には義務教育のカリキュラムに入れてほしいくらいの内容です。

資本主義の時代というのは、言ってみれば、「金の切れ目が縁の切れ目」です。

「男は稼いでナンボ」の世界。

これは「私はお金です」「私にはお金しかありません」「私にはお金以外の価値はありません」という価値観です。

なぜか？　自信がないからです。結果、「亭主元気で留守がいい」と言われ、「男＝ＡＴＭ」と見なされ、退職すると、離婚され、お墓は別々になるわけです。

残念ながら、「お金があればモテる！」「お金があれば夢は叶う！」「お金があれば問題の大半は解決する！」そのようなインフルエンサーは、もはや、泥舟です。

鵜呑みにしていると、20年後、あなたの人生は確実に破綻してるでしょう。借金、絶縁、寝たきりになります。

事実、私も含め、今の40、50代の多くがそれで破綻しているからです。嘘だと思うなら、20代の人は、あなたのお父さん、お母さんを見てください。それが答えです。今のお父さん、お母さんの姿は、20年後、30年後のあなたです。

勤勉で真面目で純粋で素直な20代の人ほど、影響力のあるインフルエンサーの鵜呑みにして拗れていきますので要注意です。

もう一度、言います。

「お金＝力」という古い価値観が通用する時代は「とっく」の「とっく」に終わったのです。

「金の切れ目が縁の切れ目」の世界では、財布の中の諭吉がモテてるだけです。

お金がないと何もできない。

お金を失ったら生きていけない。

本当の自信とは言えません。「まやかしの自信」です。本当の自信とは、何もなくても、財布に1円もなくても、それこそ、「生きてるだけで丸儲け」と思える感覚です。

それでも、中には言う人もいるでしょう。「私の場合は、お金さえあれば、本当に問題が解決するんです」と。では、あなたにお聞きします。仮に私が、今、あなたに3億円をプレゼントするとします。

あなたの問題は本当にすべて根本的に解決しますか？

借金3億円の経営者の人は解決しますか？　おそらく解決しません。なぜか？　自分でお金を稼ぐ力がないからです。銀行から借りても、すぐに足りなくなる。この連続だったはずです。ここで仮に3億円、もらったところで何も解決しません。

「いえ、今度は不動産投資で資産を築くから大丈夫です」

不動産ビジネスで失敗して借金で首が回らない人も腐るほどいます。

「ネットワークビジネス、フランチャイズビジネスに失敗し、今度こそと不動産投資に手を出して、借金が増えました」というご相談も少なくありません。

ズレていて、本質が掴めていない状態です。

「坂庭さん、実は私は昔、自己破産をしているのですが、今回、また自己破産しました。これで2度目です……」と言う人からのご相談もいただきます。典型的な再発・転移です。

そのため、20代の女性で奨学金のローンが払えずに、「一層のこと自己破産して1から出直そうと思っています」というご相談をいただきますが、ハッキリとお伝えしています。

「自己破産するのは簡単ですが、脳のＯＳが整っていないのに自己破産したところで、10年後、20年後、また、借金して自己破産しますよ。そのような40代、50代の大人がたくさんいますから。根本的に解決したほうがいいでしょうね」と。

逆に、脳を整えることで、３００万円以上の借金を3か月もかからずに返済した20代の女性もいます。

では、3億円あれば、海外の有名なヒーラーに会って病気を治してもらえて問題が解決しますか？病気は心理的要因の投影にすぎませんので、世界的に有名なヒーラーでさえ、病気は治せません。最先端の治療を受ければ、難病は完治しますか？　それも一時的で再発・転移するでしょうね。リバウンドして、さらに悪化するケースもあります。世界的に有名な大富豪に会って、アドバイスしてもらえば大富豪になれますか？

私は毎年のように「ビジネスで大成功している海外の大富豪に一緒に会いにいきましょう！」と誘われますが、その大富豪に会って日本に帰ってきて、実際に大富豪になった人を1人も知りません。

むしろ、退職金をはたいて海外に行き、すってんてんになって戻ってきて、就職先に困り、行く前よりも経済的に困窮している人ばかりです。

「お金がないから、海外の成功者に会いに行けないんです……」というご相談もいただきますが、安心してください。行く必要なんてありませんから。私も、クライアントさんも、みなさん、日本にいながら、自宅にいながら人生を変えています。

では、さらにお聞きします。

億万長者になれば、あなたとお嬢さんとの関係は良好になりますか？　親との絶縁は解消して仲直りできますか？　ＤＶの旦那さんと離婚したところで、また、ＤＶ男を捕まえてきて、同じことの繰り返しをするだけ、です。

なぜなら、相手は自分の投影にすぎないから、です。

その場しのぎをしても、モグラ叩きをしているだけで、再発・転移・リバウンドします。最後は疲弊して人生が終わります。

脳のＯＳのバグを取ってアップデートしないかぎり、アプリケーションを取っ替え引っ替えしたところで、何も解決しません。根っこが残っているのに表面的に刈っても、雑草はまたすぐに出てきます。警報器の止め方を覚えても、火元から鎮火しなければ、また、すぐに警報は鳴ります。

再発・転移にリバウンド。この繰り返しです。

「お金さえあれば、問題は解決する」なんて、単なる幻想です。インフルエンサーに踊らされ、カモられている場合じゃありません。

女性にお聞きします。不労所得を築いて、シンガポールに移住して、その後、何をするんですか？

生きる目的もなく、セミリタイアしたところで、鬱状態になって、また、ビジネスに戻ってくるのがオチです。お金は手段であって目的ではありません。

男性にお聞きします。年収いくらになれば、グラビアアイドルと付き合えますか？「お金があればモテる」なんて幻想にすぎません。起業塾をしているコンサルタントに踊らされているだけです。

そして、海外セレブの大半が「幸福感を得ていない」というデータがあることも覚えておいてください。そこから抜け出すにはお金に対する幻想を捨てることです。

「幻想」とは、神格化し、偶像化している状態です。

それには問いかけて、気づいて、やめること。これしかありません。

お金で幸せは手に入らない、本当の理由

この動画を見てください。ズバリ、そのものです。

〈お金と物質的な豊かさについて〉

・家を買えても家庭は手に入らない
・時計を買えても時間は手に入らない
・ベッドは買えても睡眠は手に入らない
・食事は買えても食欲は手に入らない
・病院に行けても健康は手に入らない

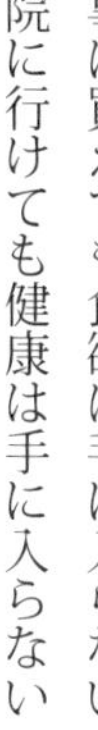

・保険に入れても安全は手に入らない

本当にその通りです。

「お金で幸せが買える」なんて、幻想です。むしろ、うっかり、宝くじが当たってしまった人の末路は悲惨です。

・愛人やパパ活女子は買えても恋人は手に入らない

・お金でホストは買えても、店外でお金なしでは会ってくれない

お金で手に入れたものは所詮、お金を失ったら同時に失います。それが「金の切れ目が縁の切れ目」です。そして、古い資本主義の価値観です。

お金で相手を支配して、コントロールする状態ですから、言い換えると、あなた自身がお金に縛られ、お金に支配されている状態です。本当の幸せ、本当の豊かさ、本当のモテとは、お金がなくても手に入れている状態です。

是非、こちらの動画も視聴してください。

〈ホリエモンが株本にガチギレ〉

イキったYouTuberが「モテたければ、稼げ！　ビジネスで成功しろ！」と語っていますが、「お金があればモテる」なんていうのも、幻想にすぎないということがわかるでしょうか？　その人がお金を失ったら、何も残らないでしょう。

そもそも、お金は手段に過ぎない

お金を稼ぐために生きてるのではなくて生きる目的を果たすためにお金を稼ぐのです。私も堂々巡りをしていた1人ですが、お金は手段にすぎませんので、お金を稼ぐことが目的になると、「手段の目的化」といって、堂々巡りから抜け出せません。

健康も然り。

健康は手段に過ぎません。健康になることが目的ではなく、健康になった先に、何をしたいのか？です。

・情報も
・人脈も
・環境も

時々、「生きる目的なんて必要なんですか？」と聞かれますが。

だから、病気をしているのです。

だから、人間関係がこじれているのです。

だから、お金が入ってこないのです。

生きる目的がないなら、一体、何のために生きているのでしょうか？

ゴールのないマラソンをしているようなものです。

お金しか信じられない男の末路。そして誰も居なくなった

私の話をします。

借金まみれの頃、私は、お金しか信じられませんでした。そして、お金を信じている自分しか信じられませんでした。なぜなら、1万円は1万円だからです（もちろんインフレやデフレもありますが）。

お金はわかりやすい自分への評価なのです。自分を計る物差しがお金しかありませんでした。毎月、新規で顧客を獲得し続けて、いくら、今月、売上を数百万円、数千万円、叩き出したとしても来月になったらリセットです。終わりのない焼畑農業の繰り返し。

また、ゼロからの積み上げ。先が見えない生活です。

1年後なんて、先過ぎてとても見えない状態。一時、業界のNo1に輝いても、将来はわからない。ホストと同じ構図ではないでしょうか？「いつまで続けなきゃならないんだろう……」と疲弊していきます。

もっというとDV男と同じ構図です。なぜなら、顧客とスタッフとビジネスパートナーを恐怖で

支配していたからです。

「アイツの通った後は雑草も生えない」「ケツの毛まで抜かれる」と言われ、自分も顧客もスタッフも取引先も疲弊して病んでいく……。

アドレナリンで目はギラギラし、24時間365日気持ちは安まらず、麻薬と同じで、「止まったら死ぬ」という恐怖と札束が積み上がる興奮で感覚が麻痺。

大分の湯布院で温泉につかっていてもお金のことが頭から離れませんでした。

「やめられない、止まらない」

アクセルはベタ踏み、ブレーキなんて無視していました。一般道を時速200km/hでぶっ飛ばすイメージです。目的地に辿り着くのが先か？　事故って死ぬのが先か？

「吊り橋を走って渡る」

毎日がその繰り返し。生き急いでいる、という自覚すらない。

隣に座っている人が諭吉にしか見えなくなったら、もはや、末期です。なぜなら、人を人として見ていないからです。「人を人として見ていない」という自覚すらないから末期なのです。

もはや、集金屋を通り越して、取り立て屋（債権の回収）に過ぎません。

「サービスの提供」

「おもてなし」

「価値の提供」

なんて、感覚は完全に欠落していました。

単なるマネーゲーム。稼いだお金は広告宣伝費に再度、突っ込み、札束を燃やして走り続ける。毎日がその繰り返しです。まさにハムスターが回すカラカラと同じです。

お金は世の中にもたらした価値の対価です。いつか、何らかの形でその歪みが必ず出ます。つまり、いつか、そのツケを払わなければならないときが来るのです。

お金は「信用」という概念にすぎません。お金には実態がないのです。つまり我々の頭の中にしかない、ということです。幻想に過ぎません。

その幻想で自分の価値を図ろうとしたり、自分の価値を証明しようとしているわけですから、実態のないもので自分の価値を証明しようとしている時点で、自分の価値も実態がないのです。

実態のないもので自分の存在を支えようとすれば、いつか崩れ落ちます。「砂上の楼閣」です。

一生懸命、積み上げたつもりでも、所詮、砂上の楼閣。

消えるときは一瞬、夢・幻となって消え去ります。

それに気づけるかどうか？　です。気づいたときには、もはや、手遅れ。すべてを失い、絶望するまで人は気づけません。そして最後には誰もいなくなりました。

サラリーマン時代から、可愛がってくれる先輩もいない。

慕ってくれる後輩もいない。

ついてきてくれる顧客もいない。

崩れ落ちた更地から、やり直すしかありません。

まさに、またゼロからのスタートです。

金に魂を売り続けると、どうなるか？

「儲かるか？　儲からないか？」で選択すると、人生が狂っていきます。なぜなら、最後は人が「諭吉」にしか見えなくなるからです。

そうなったら、もはや、末期です。

自分で言うのもなんですが、以前の私はガツガツしていて、がめつくて、金に意地汚くて、誰よりも金の亡者でした。「世界一の金の亡者」だったと思います。

実際に「坂庭の通った後には雑草すら生えない」「ケツの毛まで抜かれる」と言われ、人が関わりたがらず、また、多くの顧客が離れて行きました。

行政書士試験の受験指導をしていたときは、生徒や合格者ですら、「石井先生（パートナー）はいい人だけど、隣のヤツがねぇ……」と言われる始末です。

合格まで導いても、もはや、「ヤツ」呼ばわりです。自他共に認める、「その程度の人間」だったのです。

今では偉そうに「エゴか？　生きる目的か？」なんて語っていますが、誰よりも金にうるさく、「儲かるか？　儲からないか？」で選択していました。

フランチャイズビジネス、サプリ、パワーストーン、まったく見境がありません。それもそのはず、理念も哲学もないからです。

そこには、喜びも生き甲斐もありません。それでも信じていたのです、いえ、信じたかったのかもしれません。自分が正しいことをしていると、正しい方向へ向かっていると。いつか本当の幸せを掴み取れると。そして、いつか、周りを本当に幸せにできると。

・サプリ
・パワーストーン
・アクセサリー
・投資（FX、不動産、自動売買）
・ネットワークビジネス
・フランチャイズビジネス
・アフィリエイト

あらゆるものに手を出しては、借金が増えました。そのときはお金が悪魔に見えました。お金が好きだから追いかけるのではなく、むしろ、自分を苦しめるお金が憎くて憎くて、怒りの感情で必死にお金を追いかけていました。

お金で失った人生をいつかお金で取り戻そうとしていたのかもしれません。「銭の戦争」の草彅君のように。

ドラマ「銭の戦争」

まさに、「悪魔に魂を売り続けている感覚」です。

「今後も悪魔に魂を売り続けないと生活が破綻する」と思い込んでいたのです。

しまいには人が諭吉にしか見えなくなりました。

お金を追いかければ追いかけるほど逃げていき、エゴが強くなり、コンプレックスも強くなり、負のループから抜け出せなくなりました。無限ループ、無限地獄です。借金は増え、もう、後には引けませんでした。誰も頼れる人はおらず、どこにいても、誰といても、何をしていても、いつも孤独でした。

アニメ「ワンピース」に出てくる、「キャプテンクロ」を地でいく状態です。「お前らは、黙って俺の言うことを聞いていればいいんだ！」「このクズどもが！」「全員、皆殺しだ！」という勢いです。

結果、

・クレームが増える
・取引先と連絡が途絶える
・スタッフが全員いなくなる
・身内と絶縁する
・借金が増える

となりました。当たり前です。こんな人間についていきたいと思う人はいませんから。

それでも私は自覚がなかったので、「どいつもこいつもバカばっかりだ」「誰もわかってくれない」「こんなに頑張っているのに」「あいつら許せない」と他人のせいにして、自分を正当化していたのです。

その末路は悲惨です。

私は自分はもちろん、自分以外の人も信じられませんでした。ペットも植物も。唯一、信じられたのはお金だけです。「お金はいくらあっても困らない」「人は裏切るけど金は裏切らない」「金だけが俺の味方だ」と本気で思い、必死に札束を追いかけていました。

「ここさえ乗り切れば、いつか幸せになれる」と、まるで蜃気楼を追いかけるようでした。

どんなに「私は一生、あなたの味方」と言われても、所詮、人間は感情の生き物です。人の気持ちほど移ろうものはありません。翌日には相手の気持ちが変わっているかもしれませんし、そもそも、その言葉すら嘘かもしれません。

物言わぬ植物だって、どんなに愛情を注いだところで、枯れることもあります。ペットだっていつ家出するかわかりませんし、順番からすれば先に死にます。機嫌が悪ければ、吠えるし、噛みつきます。

「一生、自分に寄り添ってくれる存在なんてこの世にない」と思っていました。

その点、1万円は1万円です。もちろん、インフレやデフレでお金の価値が下がったり、上がったりすることはあっても、そのときの1万円の価値で1万円の買い物ができることは間違いありません。

「物言わぬ金には感情がないからこそ、金だけは俺を裏切らない」「黙って、俺のそばにいてくれる」と思っていました。お金だけを信じ、お金が稼げている自分だけが信じられていました。

「お金で自尊心を保っていた」といってもいいでしょう。

ところが、次第に会社の業績が悪化し、その「お金が稼げている自分」すらも信じられなくなっていったのです。一度狂った歯車は、遂に空中で分解し、バラバラになったのです。いえ、今思うと、最初から噛み合っていなかったのでしょう。

生まれつきの持病の辛さをわかってくれる人もいなければ、この痛みを代わってくれる人もいません。自分を産んだ親であろうと同居の家族であろうと医者であろうと、その人の本当の痛みは、その人にしかわかりません。

私が寝たきりで、銀行がどこもお金を貸してくれず、借金が数千万円に膨れ上がったところで、スタッフが代わりに売上をあげてくれるわけでもなく、身内がお金の支援をしてくれるわけでもなく、もはや、妻が私の代わりに稼いで返済できる額でもありません。

相談できる相手もいなければ、相談したところで解決しないレベルまでに至っていました。

・経営努力をしていない
・銀行から融資を受けていない
・まだ頼っていない身内がいる

など、「まだ何もしていない状態」であれば、手の打ちようはいくらでもありますが、悲惨なことに「ありとあらゆる手立てをした果て」の借金、絶縁、寝たきりです。

もはや、打つ手なし。八方塞がりの四面楚歌。まさに、「絶望的」としか言いようがありません。これもすべて、自分を大事にせず、自分を信じられないことがきっかけでした。

今思うと、すべては、ほんの些細な思い込みから歯車がズレていただけです。1つ整えれば、後はすべて整います。

まるで、ボタンの掛け違いです。あなたの人生も、ほんの些細なズレから、今日の大きなズレに至っているのではないでしょうか？　大事なのは最初のズレです。一体、どこから何がきっかけでズレてしまったのか？　根本を特定し、土台からやり直しましょう。

4　【禁断】殿様セールスの極意。断れば断るほど申し込みが殺到し、さらに売上・利益が拡大する脳の使い方

脳が整うと人生に逆回転が起きる

脳の使い方を変えると人生に逆回転が起きます。それまでとは真逆の流れが起きてきます。本来はそれが正常だと気づくのですが。

これだけだと意味がわからないと思うので、解説します。

あなたがセールスマンや自営業や経営者だとします。商品やサービスを売るときにセールスをしますよね？

興味のありそうな人を集める

←

セールスをする

←

逃げる

←

新規で人を集める

↓
セールスをする

この繰り返しだと思います。次にセールストークを学びます。スクリプトをつくり、頭に叩き込み、寝ずに丸暗記して、ここぞとばかりにトークを炸裂させます。

ところが、必死に売り込めば売り込むほど、相手は逃げていきます。怖いからです。この状態で、「追いかけるのをやめましょう」といっても無理です。

なぜなら、「これほど、必死に追いかけても捕まえられないのだから、追いかけるのをやめたら、もっとお金が入ってこない」と思うからです。頭では「わかっちゃいるけど、やめられない状態」です。

以前の私がそうでした。

実は、人は追いかけるのをやめたときに、向こうから追いかけてきます。これについては、いずれ機会があれば YouTube 等で「ティッピングポイントの掴み方」というテーマでお伝えします。

脳を整えると、まず、追いかけなくなります。これは「追いかけるを我慢する」のではなく、そもそも、「追いかけたい衝動が消える」のです。「追いかける必要がなくなったから」ではありません。依存、固執、執着が消えるのです。

決して、「お金が入ってくるようになるから、追いかける必要がなくなって、追いかけなくなる」のではなく、「まだお金が入ってこないにも関わらず、追いかけたい衝動が消える」ことで、追いかけなくなり、追いかけなくなったことでお金が後から勝手についてくる、という流れです。

「追いかけたいのを我慢している」のと「追いかけたくなくなる」のは違います。「気にしない」のと「気にならない」の違いと同じです。

「追いかけたいのを我慢している」時点で、実はまだ追いかけたいわけですから、「追いかけたい衝動」が消えていないことを意味します。

では、どうしたら、まだお金が入ってこないにも関わらず、追いかけたい衝動が消えるのか？

それは、思い込み、信じ込み、刷り込みに気づき、それを手放し、欠乏感、渇望感、不足感が消え、「まだまだ」「もっともっと」が消えることによって、衝動がなくなるのです。

実際に借金まみれだった頃の私の営業トークをそのまま書きます。

お客さん「申し込もうかどうか、迷っています」

坂庭　「迷っているのは欲しい証拠です。今すぐやりましょう！」

といって、刈り取っていました。

これは極端な例ですが、ほぼ、このやり取りで、即クローズしていました。ところが、これをやることで、後日のキャンセルが増えます。なぜか？　本人が納得していないからです。「売り込まれた」「無理やり申し込みをさせられた」という気持ちになり、後日、「やっぱりキャンセルしたい」となります。

キャンセルを渋ると「消費者センターに通報する！」となり、「弁護士に相談する！」と発展していきます。自分だけでなく、スタッフも対応します。連日、このやり取りを続けることで、自分もスタッフも疲弊していきます。もちろん、お客さんも。

必死にお金を追いかければ追いかけるほど、ドツボにハマり、このような負のスパイラルから抜け出せなくなります。ところが、追いかけなくなると、どうなるか？

お客さん「申し込もうかどうか、迷っています」

坂庭　「迷っているなら、やらなくていいんじゃないですか？　義務教育でもなければ、宗教でもないので」

以上。

このように今では、無理なクロージングは一切していません。

むしろ、断るのに忙しいくらいです。このように脳が整うと、真逆の流れが起きてきますが、脳の仕組みがわかると、実はそれが正常だと気づきます。

「売るためのセールス」から「断るためのセールス」へ

あなたも売るための必死なセールスから解放されたら、精神的にどれだけ楽でしょうか？

イメージしてください。

あなたの商品・サービスに対して面白半分な人や冷やかしは、どんどん断ったとします。すると、本気の人だけが集まり、本気の人だけが残り、本気の人だけが手を挙げ、本気の人だけが申し込みをしてくれます。

断れば断るほど、本気の人だけが行列をなし、予約待ちの状態になります。

しかも、歯を食いしばって断るわけではありません。強がり、痩せ我慢でもありません。私のように素で「迷っているなら、やらなくていいんじゃないですか？　義務教育でもなければ、宗教でもないので」と断れるようになります。本心で本音で心から、そう思っている状態です。

なぜなら、必死に追いかけたい衝動がなく、嫌われることも恐れないからです。本音で何でも言える状態になります。

むしろ、あなたは本気じゃない人をできる限り、早い段階で断る必要があります。そうでないと、本気であなたの商品・サービスに興味があって、今すぐに何とかしたい人に提供できなくなってしまうからです。

これを綺麗事ではなくて、腑に落ちてそう思えるか？　が重要です。

決して、テンプレートで「歯を食いしばってでも、このように断りましょう！　そうすれば、本気の人だけが残ります！」という意味ではありません。頭で考えているうちは無理です。それが相手にも伝わるので。

欠乏感が消え、嫌われるのが怖くなると、素でこれができる状態になる、という意味です。あとは、いかに「本気じゃない人を断るか」です。「売るためのセールス」ではなく、「断るためのセールス」です。

結果、成約率が上がり、しかも、本気の人だけが申し込んでくれます。これがWIN-WINの関係です。誰も損をしません。

さらに、それが2か月待ち、3か月待ちになり、行列のできるセミナーになるわけです。これが俗に言う「殿様セールス」です。もう、必死に売り込まなくていいのです。「やる気のない人」「本気じゃない人」「中途半端な人」「ズレている人」「こちらの条件を満たしていない人」をただ断るだけでいいのです。

これを単なるテクニックで歯を食いしばって、痩せ我慢でやると苦しくなり、どこかでリバウンドしますので、くれぐれも注意してください。

いろいろな業界の経営者から「坂庭さんのマーケティング手法をすべて学びたいです」というメッセージをよくいただきますが、そんなものはありません。以前は、必死にマーケティングを学び、緻密に計算し、ゴリゴリのセールスをしていましたが、今は何も意識していません。

むしろ、ゴリゴリのセールスをしていたときよりも今のほうが、売上のケタが2つ増えています。

「殿様セールス」はテクニックではなく、「脳」です。

テンプレートに意味はありません。むしろ、脳がこじれているうちは、やればやるほど悪化します。いかに、ストレスのない状態で、ニュートラルでフラットな状態で、素でこれをやれるか？

そのためには、脳を整え、欠乏感を消し、嫌われる勇気を持つことが必須です。

※嫌われる勇気⇩三宅さん弟③？

ちなみに、「必要のない人にも売る」のは「エゴ」であり、「必要のない人に売らない」「必要な人にだけ売る」のが「生きる目的」です。

そもそも、セミナーに20人、30人、参加してくれたとしたら、そこには20人、30人のドラマがあり、ストーリーがあります。決して「セールスの場」でもなければ「営業の場」でもありません。

「セールス」「契約」「売上」という感覚でやっているうちは、まだまだ「エゴ」でやっている証拠です。

人を人として見ていない状態。人が売上という数字、契約という数字、諭吉にしか見えてない状態です。

高額商品が飛ぶように売れる「テイク・アウェイ・セリング」とは

一度でも本気でコピーライティングを学んだことがある人は、聞いたことがあるかもしれませんが、コピーの世界では「Take Away Selling（テイク・アウェイ・セリング）」という手法があります。

例えば、あなたが、自分の高額商品を売ろうとしたときに、クロージングの段階で相手から、このような言葉が出てきたら、どう反応しますか？

「正直、申し込もうかどうしようか迷ってます」と言われたら、どうしますか？

先ほど、お伝えしたとおり、以前の私は必死にセールスし、畳み掛けていました。

「迷っているのは欲しい証拠です！」「今すぐやりましょう！」と。

今では真逆です。

「坂庭さん、私もやったほうがいいでしょうか？」と質問されると、「迷ってるなら、やらなくていいんじゃないですか？」「義務教育でも宗教でもありませんから」「やりたい人だけやれば」と回答しています。

「エビデンスを見せてください」と聞かれたら、「薬ではないのでエビデンスはありません。エビデンスが欲しい人には向かないので、是非、病院へ行って、薬を出してもらってください」

「答えを教えてください！」と言われたら「答えは自分の中にしかありません。答えが欲しい人には向きませんので、他へ行ってください。それで解決すればいいですが」

「私にもできますか？」と聞かれたら「私に聞かれてもわかりません。あなた次第です」

「助けてください！」と言われたら「神様ではないので、私があなたを救ってあげることはできません。あなたを救えるのはあなた自身です」と回答しています。これは決して、意地悪で言ってるわけでも、煽っているわけでもありません。本気でそう思っているのです。

その際に「よし！　嫌われる覚悟！」とも思っていませんし、「これで嫌われても仕方ないよな～」「これで契約を逃したら、どうしよう……」とも思っていません。

自分の気持ちに正直に、思ったことをそのまま伝えているだけ、です。

「テイク・アウェイ・セリング」とは、特に、高額な商品・サービスを売るのに効果的、と言われています。

具体的にいうと、プッシュしておきながら、最後に「でも、あなたは入手できないかもしれません。なぜなら……」という手法のことです。

ところが、欠乏感・渇望感・不足感が強く、また、嫌われるのが怖いうちは、本気で思ったことが言えませんし、自分の想定している条件から外れる人も断れません。

「1人でも多く取りたい」という衝動に駆られます。そして、それは相手に伝わります。テクニックでやっているのか？　素でやっているのか？

これはテクニックの問題ではなく、「脳」の問題なのです。これこそが、本当のメンタル・マインドです。

いくら、この手法を使って、希少性や限定性、緊急性を演出したところで、「本当は売りたくて仕方がない」のがバレバレなので、単なる白々しいセールスになります。

逆に、脳を整えれば、「売るためのセールス」ではなく、「断るためのセールス」になります。

実際に私のセミナーもコンサルも断るのに忙しいくらいです。必死に見込み客を追いかけ、必死にクロージングするストレスから解放されます。

「売らないセールス」のことを「殿様セールス」と呼ぶ人もいます。そして、断れば断るほど、質のいいお客さんだけを相手にすることができます。

なぜなら、本気の人だけを集め、本気の人だけを残し、本気の人しかお受けしないから、です。

気づいたら、行列ができます。もちろん、「サクラ」や「見せ金」なんて姑息な手を使わなくても。

この状態をつくるには「脳」を整える必要があります。

脳が整うとバラバラの歯車がすべて噛み合う

ブレイクスルーしている状態を言語化すると、次のような表現になります。

今、あなたの目の前にバラバラの歯車が散らばっている状態ではないでしょうか？

・ビジネス
・心理学
・スピリチュアル
・健康
・自己啓発
・宗教

など、ありとあらゆる自己投資をし、1つの歯車を回し、2つ目の歯車を回し、3つ目の歯車を回す頃には、1つ目の歯車が止まっている……。

そうやって必死に、次から次へと歯車を回すうちに、疲弊し、手が止まり、目の前にはバラバラの歯車が大量に転がっている。そのような状態ではないでしょうか？

ところが、脳が整うと、すべての歯車が噛み合って、グルングルンと回り始める状態です。それも、必死に大きな水車を「う゛〜ん」と唸って回すのではなく、手元の歯車を1つ、クルクルと回すだけで、すべての歯車が噛み合って、グルングルン回るようなイメージです。

そして、一度、回ってしまえば、あとは、ちょっと手直し（メンテナンス）する程度で、周り続ける状態といえばいいでしょうか？

あるいは、大きな鉄の塊をイメージしてください。最初はビクとも動きませんが、徐々に徐々に転がり始め、一度転がると、あとは軽く押すだけで、どんどん転がっていく、そのようなイメージです。

エスカレーターで表現すると、以前の私はずっと下のエスカレーターを必死に駆け上がっている状態でした。ところが、今は上りのエスカレーターで上昇し続けている状態です。

もしくは、必死に水面下で足をバタバタさせて、表面的には優雅に泳いでいるふりをしていました。今では毎日、浮き輪でプカプカ浮いている気分です。

私はこれまで誰よりも必死に努力してきました。足かせをつけ、重たい鉛を引きずって歩いている感覚で生きてきました。今では毎日、背中に羽が生えて飛んでいる感覚です。まさか、こんな感覚になれる日が来るなんて思っていませんでした。

常に「ここさえ乗り越えれば、楽になるはず」、そう思って生きてきましたので。「ここさえ乗り切れば」「ここさえ乗り切れば」何度、自分を奮い立たせ、危機を乗り越えてきたかわかりません。でも、その場しのぎの対症療法ではいつか破綻します。

一緒に脳を土台から変えて、人生を根本的に立て直しましょう。

「歯車がバラバラに散らばっている」ということは、それだけ、本気で人生を変えようと頑張ってきたわけです。

言い換えると、それまで必死に種を蒔いてきたわけですよね？　種の種類はわかった。そして、種の蒔き方はわかった。だとしたら、あとは芽の出し方を知るだけです。あなたはこれまで芽の出し方を知らなかっただけです。だとしたら、芽の出し方さえ知れば、あとは太い幹ができ、大量の果実が成ります。

これまでさんざん「自己投資」という種を蒔いてきたわけですから、今度は狩る一方です。

そもそも、種を蒔いていなければ、狩る果実がありませんが。

これまで、何年も何十年も、何十万円も何百万円も何千万円も自己投資してきたとしたら、その分、果実も多いはずです。

これが大器晩成です。メソメソしたり、嘆いている場合じゃありません。一緒に、収穫に行きましょう。

「あと3億円しかない」と自殺する社長

殿様セールスはテクニックではなく「脳」である、とお伝えしました。

「収入が増えること」＝「お金の不安が消える」ではありません。

実際に「貯金があと3億しかない」といって未来の不安が消えないまま、命を絶つ経営者もいます。お金に対するネガティブな感情が消えず、お金に幻想を抱き、お金を崇拝し、お金に振り回された人の悲しい末路です。

また、私のクライアントさんで、もともとはＯＬをしていた40代の女性は、経営者でもなんでもありませんが、個人資産が50億円を超えている人もいました。

ところが、「外に出ると知らない人に罵られる」「お金を奪われたらどうしよう」という不安から、家族からも距離を置き、一人暮らしをしており、昼間からカーテンを閉め、マンションから出られない状態でした。

お金の不安からお金を増やし、お金を増やせば増やすほど、今度は減る恐怖に苛まれます。そこには、何か思い込みがあるからです。それを手放すことで人生に逆回転が起きてきます。

私の例でお伝えすると、今、自宅で食べる納豆ご飯が一番好きです。

それは、決して、収入が増えて、借金がなくなって、お金の不安がなくなったから、「家族の顔を見ながら家で食べる納豆ご飯が一番美味しい」と思えるようになったわけではなく、「家族の顔を見ながら家で食べる納豆ご飯が一番美味しい」と気づいたから、お金を追いかけることがなくなり、お金が後からついてきて、借金がなくなったのです。この順番です。

「月収がいくらになった」から「年収がいくらになった」から「家賃いくらのタワマンに住めるようになった」から、お金の不安が消えて、お金を追いかけることがなくなって、「生きる目的」に突っ走れる余裕が出てきたわけではありません。

逆です。

自分のエゴに気づき、それを手放し、「生きる目的」を明確にし、そこに向かって邁進したから、その手段の1つとして、タワマンを借りるだけのお金が集まってきて、月収も年収も増えたのです。

借金まみれでリア充アピールしてエゴで高いコース料理を食べても、欠乏感、渇望感、不足感で、「まだまだ、もっともっと」が増幅するだけです。やればやるほど、ネガティブな感情がブースト（拡大、増幅）していきます。

保険も然り。

「儲かって、手元にキャッシュがあるから保険をかけなくて済む」は順番が逆です。メンタルが整えることで不安がなくなるから、お金を追いかけなくても、現金が増え、結果として保険が不要になるのです。

仕事も然り。

「十分に稼げるようになったから、今、好きなことを仕事にできている」ではなく、「もともと好きなことを仕事にしてきたから、今、お金に困らない状態になっている」です。

異性も然り。

「異性からモテるようになったから自信が持てて、余裕が出てきた」ではなく、「自分に自信が持てて、余裕が出てきたから異性にモテる」という順番です。

これらはすべて私が逆に思ってきたこと、逆にやっていたことです。

逆だと思っていたことが、実は逆ではなく、脳の仕組みからすれば、正常だったことに気づきました。そして、よかれと思ってやってきたことが、実は悪かったわけです。

脳を整えると人生が逆回転します。

これを頭で理解しても腑に落ちなければ意味がありません。腑に落ちて「そういうことか！」と体感するまで、是非、自分に問いかけ、思い込みに気づき、手放し続けましょう。

5　メンヘラ・非モテから卒業する脳の動かし方

「事実は1つ、解釈は無限」の本当の意味とは

行為そのものに意味はありません。

体験、経験、行為、出来事、事象という名の事実が1つあるだけであり、そこにどのような意味付け（解釈）をするか？　それだけです。

たとえば、水を飲むこと自体に意味はありません。

「水は体を冷やすし、水道水は汚いから体に毒だ」と解釈する人もいれば、「体の60％以上が水分だから水は体にいい。水道水でも問題ない」と解釈する人もいます。

飲みたいときに飲みたいだけ飲めばいい、飲みたくなければ飲まなければいいわけです。本来は、「水分を摂る」それ以上でもそれ以下でもありません。

日光を浴びること自体に意味はありません。「紫外線は体に悪い」と解釈する人もいれば、「セロ

トニンが分泌される」と解釈する人もいます。

白米を摂ること自体に意味はありません。「血糖値が上がる」と解釈する人もいれば、「脳へのエネルギーになる」と解釈する人もいます。

焼肉を食べること自体に意味はありません。「動物性タンパク質は控えたほうがいい」と解釈する人もいれば、「タンパク質は髪の毛や爪になるから積極的に摂ったほうがいい」と解釈する人もいます。

「やかましい」と。「食べたいときに食べたいものを食べろ」と今なら思います。余計な解釈をして、自分で自分を振り回し、自分をがんじがらめにしているのがわかるでしょうか?

かつての私は思い込みが激しく「自分で物事を複雑にするタイプ」であり、「自分で世の中を難しくしくしている状態」でした。

繰り返しますが、そのこと自体に意味はありません。事象（事実）に対して、意味づけ（解釈）をしているだけです。

ネガティブな解釈をすることでネガティブな現実を再現します。

ポジティブな解釈をすることでポジティブな現実を再現します。

ネガティブな解釈をするパターンの人と、ポジティブな解釈をするパターンの人とに分かれます。

そのパターンの違いはどこからくるのでしょうか？　これが思考の癖（前提）です。

人によっては「前提」のことを「潜在意識」と呼ぶ人もいますが、正直、何だっていいし、どっちだっていいです。なぜなら、大事なのは現実を変えることであり、「前提」と「潜在意識」の違いを学ぶことではないからです。

神頼みをしている人も多いので、次の例でも解説しておきましょう。

たとえば、神社仏閣に参拝に行くとします。この場合、参拝に行くこと自体に意味はない、ということです。

同じ参拝をするにしても、

「神仏にすがってよりよい人生にしよう」と思う人もいれば、

「神仏にすがらないと悪い人生になる」と思う人もいます。

この場合、前者は、「神仏にすがればよいことがある」という解釈をしていて、後者は、「神仏にすがらないと悪いことが起こる」という解釈をしています。

どっちが「いい」「悪い」という話ではありません。

「参拝に行くこと自体に意味はない」というのは、「ただ、そこには解釈があるだけ」という意味です。参拝が「いい」「悪い」ではなく、そこには「解釈」があるだけなのです。そもそも、参拝にすら行かない人もいるくらいです。「参拝にいかない」にも、それぞれ解釈があるはずです。

思考が凝り固まっていると解釈が一択、せいぜい二択で、「絶対こうだ！」「こうじゃなきゃダメだ！」「敵か！？　味方か？！」の狭間で苦しみます。

ところが、思考の癖を整え、思い込みを外していくと、「こういう解釈もあるよね？」「こういう解釈もありだよね？」「こうとも言えるな」「こうとも言えるよな」「あなたの解釈も素敵だよね」「あ、あなたは、そういう解釈なんですね」「でも、私の解釈はこうなんです」「お互い解釈が違うだけで、どっちも正解だよね」と思えるようになります。

これが「包含（ほうがん）」であり「中庸（ちゅうよう）」です。

改めて「包含」について解説します。

アメリカの精神科医デヴィッド・R・ホーキンズ博士は、意識には「悦び」「愛」「勇気」「怒り」「恐怖」など、17段階のレベルがあり（次ページ表）、意識のレベルによって発するエネルギー値が変わると説いています。

その意識レベルで言うと「包含」とは上から6番目に位置しており、「許し」とも言われています。比較的、上の段階ですが、ここまで来ると、問題の解決が容易であり、目的の達成が可能なレベルと言われています。

この表にはありませんが、「中庸」とは偏りがなく、中立的で、調和が取れている状態です。心理的には、柔軟な解釈ができるようになり、選択肢の幅が広がりますので、それに比例して問題が解決しやすくなります。

私は「神は余白に宿る」と思っています。ここでいう「神」とは「神様」という意味ではなく、ヒント、アイデア、閃きです。中庸、余白、余裕、遊び、伸び代がなく、脳のメモリ（タスク）がパンパンだと神が宿る隙間がありません。

意識のレベル（デヴィット・R・ホーキンズ博士の研究より）

	意識レベル	パワーの数値	感情	
1	悟り	10の70～100乗	言葉を超えたもの	⬆達成可能なレベル
2	ピース	10の60乗	至福	
3	悦び	10の54乗	平穏	
4	愛	10の50乗	尊敬	
5	理性	10の40乗	理解	
6	包含	10の35乗	許し	
7	進んで	10の31乗	楽天的	
8	中性	10の25乗	信頼	
9	勇気	10の20乗	肯定	
10	プライド	10の17.5乗	軽蔑	達成困難なレベル⬇
11	怒り	10の15乗	憎しみ	
12	欲求	10の12.5乗	渇望	
13	恐怖	10の10乗	不安	
14	悲しみ	10の7.5乗	後悔	
15	無気力	10の5乗	絶望	
16	罪悪感	10の3乗	非難	
17	恥じ	10の2乗	屈辱	

解釈が増える＝選択肢が増える＝手段が増える＝解決策が増える、です。

脳は無尽蔵ですので、さらに進めれば、

解釈が無限＝選択肢が無限＝手段が無限＝解決策が無限

になります。「解決策が無限」であれば、解決しないほうがおかしいですよね？　これで人生が変わらないほうがおかしいのです。

ところで、「解釈が一択せいぜい二択で苦しむ」のは二元論に陥って、堂々巡りをしているからです。

二元論に陥ってる間は病気が治りにくく、問題の解決が困難で、目的の達成も難しい状態にあります。

メンヘラ・非モテが陥っている二元論とは

メンヘラ、非モテの特徴として、二元論に陥っている、という点が挙げられます。

二元論とは

・善悪
・勝ち負け
・優劣
・上下

・0か100か
・白か黒か
・敵か味方か
・ワクチンがいい、悪い
・独身か、既婚か
・既婚か、離婚か
・仏教か、キリスト教か
・ネガティブ、ポジティブ
・○か×か

といった、捉え方です。グレーを許さない、白黒ハッキリさせないと気が済まない、常にジャッジしている状態で、抵抗や摩擦を感じています。

2つの狭間で悶々として、「終わりのないジャッジ」をしているのが、まさにメンヘラ、非モテです。これは、二元論と言って、病気が治りにくく、問題の解決が困難で、目標の達成が困難な状態です。

人によって趣味趣向、価値観、信念、信条、信じているものが違うだけで、目指している方向は同じです。それをジャッジする方が、そもそも、おかしいのです。

「ラーメンが好きな人と嫌いな人、どちらが正しいか？」という議論に等しいです。どっちも正しいですよね？　そこには善も悪もありません。そこには「ラーメンが好きな人がいる」あるいは「ラーメンが嫌いな人もいる」という事実が存在するだけです。

アメリカの精神科医、デヴィッド・R・ホーキンズ博士は、意識レベルには17段階あるとしていますが、上から6番目に至ると「包含」「許し」というレベルになります。

「何だっていい、どっちだっていい」というのは、許し、受け入れている状態なので、まさに「中庸」という状態です。

ジョン・レノンの歌に「イマジン」という曲がありましたが、歌の中にこのようなフレーズがあります。「天国も地獄もない」「国境なんてない」「僕は1人じゃない」と。

ジョン・レノン／イマジン　（日本語訳付き）

善も悪もなく、ネガティブもポジティブもない。グレーをよしとした状態。昔、「ファジー」という言葉がありましたが、そのような状態といえばいいでしょうか。

グレー、表裏一体、中庸です。変なこだわりがなく、摩擦がない状態で、すでに平和な状態。調和が取れており、ニュートラルでフラットな状態。

そして、さらに意識レベルが上がると、すべてが愛おしく感じる「愛」に入ります。意識レベルでいうところの上から4番目です。

「あなたと私」⇩「あなたは私」⇩「私はあなた」⇩「あなたも私もない」⇩「私たち」⇩ワンネス
という世界です。仏教用語でいうと「自体一如（じたいいちにょ）」です。

ここまで来ると、「反応しない」「余計な解釈をつけない」という状態になります。もちろん、イライラしたり、キレることも、ほとんどありません。

ジョン・レノンは、おそらく、すでにその感覚を掴んでいたのではないでしょうか。

といっても、これを心理学や脳科学の「お勉強」として、図を丸暗記し、表を頭に叩き込んでもまったく意味がありません。頭で理解するのと腑に落ちてわかるのは、まったく違うからです。

「考えるな、感じろ」です。

腑に落ちるまで、問いかけ、気づき、手放し、抽象度を上げていきましょう。そうすることで、人生は螺旋状に好転し、上昇し続けることができます。

二元論は「抽象度が低い状態」ですが、「純度が低い」「解像度が粗い」とも言えます。

本書では便宜上、「ネガティブ」「ポジティブ」という表現を使っています。

また、思考が整えば、最終的には、ネガティブもアンチもいなければ、誹謗中傷もなくなり、嫌われている、という感覚もなくなる、ということを覚えておいてください。

二元論を突破する脳の動かし方

先ほどのように二元論に陥っている間は、堂々巡りから抜け出せません。

たとえば、「勝ち負け」の場合、自分が業界のNo.2だとしたら、No.1を追い抜くまで、必死に挑戦し続け、次第に疲弊します。

ところが、やっとNo.1になった途端に、今度は「いつ引きずり下ろされれか？」とビクビクする状態になります。

プロ野球の場合、「負けて当たり前」と思われているような、優勝争いから遠いチームは気が楽ですが、昔の西武のように「勝って当たり前」と思われているうちはプレッシャーが半端ではありません。

また、「昨日の味方は今日の敵」です。世の中を「敵か？　味方か？」で捉えていると、敵を取り込んだときはいいですが、次は「いつ味方に後ろから撃たれるかわからない」「いつ身内に裏切られるかわからない」「本当はスパイがいるんじゃないか？」とビクビクします。

そして、世の中を「善悪」で捉えていると、これもまた、問題が解決しません。なぜなら、トラブルも喧嘩も戦争もお互いに「自分が正しい」と思っているからです。

つまり、戦争は「善と悪」の戦いではなく、「善と善」のぶつかり合いです。だから、終わりがないのです。トラブルの正体は「正義と正義」の争いです。

「自分が善」「相手が悪」と捉えている間は、地球上から永遠に争いはなくなりません。

お互いに守るものがあり、それぞれの主義主張があり、それぞれの価値観があり、それぞれの正義があるのです。

では、どうしたら二元論を乗り越えることができるでしょうか？

抽象度を上げることで、矛盾を受け入れることができ、清濁合わせ飲むことができるようになります。厳密には「矛盾」すら感じず、「清濁」とも思わなくなります。

「矛盾を受け入れる」といっても、「受け入れ難いものを我慢して、無理やり飲み込め」という意味ではありません（それをやると病気になります）。

意識の枠を広げて、包含していく、という意味です。

プラスチックも瓶も鉄も高温で熱すればすべて溶ける

あなたは、日々、ジャッジしている状態ではないでしょうか？

何かが○で何かが×で、何かがポジティブで何かがネガティブで、誰が味方で誰が敵で、日々、勝った負けた、好き嫌いを繰り返していないでしょうか？　白黒ハッキリさせないと気が済まないタイプじゃないですか？

言い換えると、目の前のゴミを見て「これは燃えるゴミか？　燃えないゴミか？」の分別で悩んでいる状態です。

極論、プラスチックも瓶も鉄も高温で熱すればすべて溶けます。

それと同じで抽象度を上げれば、問題はすべて解決します。

あなたは幼少期に抱えていた問題で今も悩んでいますか？　悩んでいないと思います。

それは、大人になって経済力がついたからではありません。体力、筋力がついたからでもありません。知識や知恵がついて賢くなったからでもありません。

抽象度が上がっているから、問題が問題ではなくなったのです。これは極めて感覚的なものです。

たとえば、美容室へ行って髪を切ったときに、うっかり、「前髪ぱっつん」にされてしまったとします。多感な中高生だったら明日から学校へ行きたくなくなりますよね？

泣いて「もう学校なんて行きたくない！」「明日から、表を歩けない！」「クラスメイトにからかわれる！」「死にたい！」と絶望的な気分になります。

ところが、「すぐにまた髪が伸びるからなぁ」「自分が思っているほど、周りは自分のことなんて気にしていないしからなぁ」と腑に落ちて思えれば前髪くらい、なんともなくなります。理屈ではなく、感覚的に腑に落ちて納得していれば、ですが。

これは大人になったから解決したのではなく、抽象度が上がったから、です。
もし、今でもこれを単なる強がりで押さえ込んでいるとしたら、かなりこじれているはずです。なぜなら、「もう大人だから」「もう昔のことだから」と理屈ではわかっていても、脳の中では終わっていません。

脳には過去・現在・未来の区別も、現実と妄想の区別もなく、常に「今、起きていること」として、パソコンやスマホのアプリと同じで、バックグラウンドで起動しているからです。

抽象度に話を戻します。

以前、私のところに「鬱状態」という方からのお問合せがあったときに、うっかり「鬱病なんですね」と返信したところ「鬱病ではありません！　鬱状態です！」と返信が来ました。

抽象度が低いのがわかるでしょうか？

医学的には違うかもしれませんが、抽象度を上げると「精神的に不安定な状態」という意味では同義だということがわかるでしょうか？

私は医者ではないので、薬を出す必要がないため、鬱病であろうと鬱状態であろうと大差ありません。どっちでも同じです。

同様に、「慢性疲労症候群」に関する動画をアップした際に「慢性疲労症候群と慢性疲労は違うんだ！　この野郎！」というコメントが何件もありました。

こちらも、確かに医学的には違うかもしれませんが、抽象度を上げると「慢性的に疲れが溜まっている状態」という意味では同義だということがわかるでしょうか?
では、ここから抽象度を上げるとどうなるか、一緒に脳を動かしていきましょう。
「鬱状態、鬱病」「慢性疲労症候群、慢性疲労」⇩身体的な反応、です。
借金・絶縁・寝たきり⇩本当の自分からのサイン、です。
たとえば、「自己表現」と聞くと、どのような手段が思いつきますか?

・音楽
・舞台、映画
・創作物

など、いろいろあると思います。その中に「病気」という手段で自己表現する人もいます。病気は手っ取り早い自己表現の1つです。

では、「音楽」の中には具体的にどのような自己表現があるでしょうか?

・ヴォーカル
・ピアノ
・ギター
・ベース
・ドラム
・サックス

・フルート
・ピッコロ
・トロンボーン
・ホルン

などがあります。

それと同様に「病気」の中にもさらに、

・偏頭痛
・腰痛
・過敏性腸症候群、潰瘍性大腸炎
・逆流性食道炎
・女性疾患
・癌
・糖尿病
・心筋梗塞
・脳梗塞
・失明、視力の低下
・難聴、幻聴

・摂食障害
・不眠

などが、あります。「不妊」は、「病気」ではありませんが、「身体的な反応」、「自己表現」の1つとして考えられます。

さらに、「癌」の中にも

・舌癌
・食道癌
・乳癌
・腎臓癌
・肝臓癌
・大腸癌
・前立腺癌
・子宮癌
・膀胱癌

などが、あります。これらも抽象度を上げれば、「身体的な反応」であり、「自己表現」です。

また、借金も人間関係も「自己表現」の1つです。

「時々、お前の借金なんて、所詮、3500万円程度だろ！　俺なんて3億円の借金を背負ってるんだ！　お前と一緒にするな！」とマウントを取る人がいますが、収入の多寡や借金の多寡は関係ありません。

抽象度を上げれば「自己表現」の1つに過ぎませんから。

「あなたの症状は下痢ですよね？　便秘のほうが苦しいし、危険なんです。下痢が治ったくらいで偉そうに本なんて出さないでください」という人もいます。

抽象度が低いと、目の前のゴミを見つめて、「これは燃えるゴミかな？　燃えないゴミかな？」と悩みますが、これらも抽象度を上げれば、すべて解決します。

「坂庭さん、脳で病気が治るのがわかりましたが、どうして収入が増えるんですか？」

「坂庭さん、私の病気も脳で解決しますか？」

「私は坂庭さんと症状が違うので、脳では治らないと思います」

「私はいじめやＤＶで悩んできたので、当てはまりません」

「脳の使い方と脳科学、心理学、量子力学、引き寄せと、何が違うんですか？」

「前提とは潜在意識のことですか？」

これらはすべて抽象度が低い質問です。

抽象度が低い＝次元が低い、と同義です。

「頭が悪い」という意味ではありません。見えている視座が低く、ゴミが見えていない状態です。

ワニとして地面を這いつくばって進むのか？　鳥として上空から俯瞰するのか？　の違いです。

木を見て森を見ず。森の中で迷子になり、堂々巡りをしています。抽象度が低い人は自分の言っていることとやっていることがわかっていません。

抽象度を上げていけばわかりますが、すべて「アムウェイのサプリとニュースキンのサプリ、どっちがいいですか？」と同じレベルです。どっちでもいいです。飲んでもいいし、飲まなくてもいいです。所詮、サプリは「補助食品」にすぎませんので。サプリを飲んだところで、病気が消えるわけでも、根本的な問題が解決するわけでもありません。ネットワークをやったところで、幸せになれるわけでもありません。

・脳を整えれば、問題がすべて解決する
・高温で熱すれば、すべて溶ける
・抽象度を上げれば、問題はすべて解決する

今日から、これを常に頭の片隅に置いてみてください。今日、明日で理解できなくても、いつか腑に落ちてわかる時がきます。

・脳の使い方
・脳科学
・心理学
・量子力学
・引き寄せ

・宇宙の法則
・スピリチュアル
　これらは現実を変えるための手段にすぎませんので、あなたがそれでよくなるなら、どれでもいいし、なんでもいいです。

　私は一切否定しませんので。すべてもともと同じ意味です。根本的に同じ。目指しているものは同じ。どれが正解でどれが不正解ではありません。どれも正解であり、あなたがよくなれば、それが1番の正解です。

　結婚も然り。

　幸せになることが目的であれば、結婚してもいいし、しなくてもいい。家庭を持っても、持たなくても、どっちでもいい。子どもをつくっても、つくらなくてもいい。1つ屋根の下で暮らそうが、別々に暮らそうが、どっちでもいい。

　なんだっていいし、どれだっていい。すべて正解です。ヤケクソで言ってるわけではありません。本当に心底、そう思っています。

　だって、あなたが「幸せ」であれば、それでいいわけです。手段なんて、どうだっていいし、「名称」なんてなんだっていいし、宗教も結婚も自由です。

　したい人はすればいいし、したくなければ、しなくていい。それだけです。

　もし、心底、そう思えないのであれば、そこには何か恐れや不安、ネガティブな思い込みがあるのではないでしょうか？

自分よりも抽象度の低い人に相談しても、問題は１㎜も解決しない

ここでの結論をいうと、抽象度＝純度＝解像度　です。

抽象度が低いと、自分の言っていること、していることがわかりません。

抽象度とは純度、解像度のことだと思ってください。

あなたは生まれてから、（厳密にいうと、生まれる前から母親のお腹の中ですでに）たくさんの刷り込みをしているはずです。

いってみれば、コップの水がドロドロに濁った状態です。では、その濁ったコップを綺麗にするにはどうしたらいいでしょうか？　綺麗な水を注ぐことです。日々、自分に問いかけ、気づき、思い込みをやめることは、コップに綺麗な水を注ぎ続けることにつながります。

また、人に相談するときはどうでしょうか？　あなたと同じくらい濁った水を入れても、綺麗にはなりませんよね？　少なくとも、自分よりも綺麗な水を注がないと問題は解決しません。堂々巡りをします。

これが「純度」です。

また、解像度が粗いと見えないという問題もあります。「ゴミが見えない」とは、このことです。

抽象度、純度、解像度、すべて同じ意味です。

抽象度が低い
純度が低い
解像度が粗い
部分最適をしている
目先の利益を追いかけている
言葉尻を捉えている
表面的な書き換え
表面的な切り替え
表面的なプラス思考
表目的にうわずみをすくっているだけ

これでは永遠に問題が解決しません。

野球でホームランを打ったことがない人が他人にホームランの打ち方は教えられません。自分のアトピーを治せない人が他人のアトピーは治せません。自分が毎月安定的に30万円稼げてない人は、他人に毎月安定的に30万円稼がせることは不可能です。

あなたのコップを綺麗にできるのは、少なくともあなたよりも純度、抽象度、解像度の高い人に相談する必要があります。

20代のある女性から相談されたことがあります。

「実は妻子のある男性のことを本気で好きになってしまったんです。以前、女性のカウンセラーさんに相談したら、『あなた、それ不倫じゃない！　今すぐやめなさい！　相手の奥さんにバレたらどうするの！？　他人の家庭をメチャクチャにして責任取れるの！？　今すぐやめなさい！！！』と言われました……」というのです。

確かに正論ですが、頭ではわかっていても、やめられないから苦しいわけです（実は正論をぶちかます＝非モテです）。

後で判明したことですが、その女性カウンセラーは、母親と仲が悪く、また、何十年も恋人がいない人で、仕事もうまくいかず、人間関係も疎遠で、友達もほぼいないそうです。

資格を取り、認定証をもらうことは簡単です。民間の資格であれば、お金を払えば、誰でも簡単に取得できます。お金で資格も買えますから。

でも、抽象度の低い人に相談しても、問題が解決しないどころか、堂々巡りをし、悪化します。

もちろん、カウンセリングは相性の問題もあるので、一概には言えませんが、先ほどご紹介したアメリカの精神科医デヴィッド・R・ホーキンズ博士の提唱する17段階の意識レベルでいうと、少なくとも上から4番目の「愛」以上の人に相談することを私は推奨します。

自分のコップがカツカツだったり、ドロドロに濁っていたら、他人のコップを満たしたり、綺麗にすることは不可能だからです。

といっても、なかなか見た目だけでは判断できないと思いますが。

さて、ここまで読んでみていかがでしたか？

決して、特別なことをしているわけではなく、極めて、地味な作業の繰り返し、ということがわかったのではないでしょうか。

地味＝シンプルでパワフル、です。

でも、これが楽しくなった頃、あなたの人生は変わり始めているはずです。

変化の速さと大きさは人によって違います。決して、「モーゼの十戒」のように、ズバッと目の前が一気に開けるのではなく、まるで「手押し信号」のように、1つひとつ進む感じです。

ブレイクスルーには、魔法も裏技も爆上げもありません。「気づき」と「変化」による「パラダイムシフト」の積み重ねです。ノウハウやテクニックなんて必要ありませんし、そのようなものでは何一つ解決しません。

少なくとも、

・43年間の生まれつきの持病を3日で克服
・3500万円の借金、負債を10か月で完済
・絶縁していた親と和解

いずれも、ここに書いたことを毎日、コツコツとやっただけです。魔法でもなければ、奇跡でもありません。再現性の高い実話です。本当にこれだけ、です。それは私だけではなく、私のクライアントさんたちも同じです。

是非、本書を少なくとも「3か月」は、しっかりと実践してください。これで人生が変わらないほうがおかしいです。

また、随時、YouTubeにも動画をアップしますので、そちらも併せて活用していただければ、さらに本の理解が深まるはずです。

ここに書いたことを実践もせず、ウェビナーをハシゴしたり、本を買い漁ったり、コンテンツを買い漁ったり、高額なグループコンサルや個別コンサルに申し込むのはやめましょう。行動レベルだけで乗り切ろうとしても、まったく意味がありません。

もし、迷ったときは、本書の「まえがき」「あとがき」そして、クライアントさんの事例（動画インタビュー）でも見てください。

巻末には参考動画のリンクも整理して掲載しておきます。

6　よくある質問

（質問1）ワークすらもしんどくてできません。どうしたらいいでしょうか？

（回答1）「頑張ってワークをやろう」と思わなくて構いません。「問いかけるだけ」です。それすらしんどい場合、まずは頭の中にあるモヤモヤを紙に書き出しましょう。言語化するだけでスッキリしてきます。

それも無理であれば、今はまだタイミングではないでしょうから、無理にやって悪化しても困るので中断してください。

その上で「変わりたくない自分」を自覚しましょう。「変わりたくない自分」の根底に、何かあるはずです。

（質問2）なかなか気づけず、ワークが進みません。どうしたらいいでしょうか？

（回答2）「気づいて変わらなきゃ」と思うと苦痛系になります。ガチャガチャや自販機でないので、問いかけたからといって、すぐに答えが出てくるとは限りません。むしろ、そのほうが稀です。最終的には気づいて変わることが大事ですが、まずは、「問いかけるだけ」でもいいので気楽に続けましょう。

（質問3）自分では思い込みに気づいたつもりですが、現実が何も変わりません。なぜでしょうか？

（回答3）現実で答え合わせをしましょう。「自分が何をしているか？」ではなく、「現実がどうなっているか？」です。思い込みに気づき、それを手放してから行動レベルで改善すれば現実が変わるはずです。

（質問4）自分ではポジティブなつもりですが、なぜか、昔からお金の問題だけは解決しません。なぜでしょうか？

（回答4）自分ではポジティブのつもりでも、実はそうでもなかったり、何かお金に対するネガティブな感情があるはずです。人間は自分のことが一番わかっていません。気づいて腑に落ちるまで問いかけて深掘りしましょう。

(質問5) 潜在意識や心理学と脳科学と坂庭さんの言う脳の使い方は、何がどう違うのですか?

(回答5) この時点で、「違いを学ぼうとしている」ことに気づきますか? 違いを知ることや違いを学ぶことが目的になると、どんどんズレていきます。本来の目的は何でしょうか? そこに気づかない限り、「死ぬまで何かを学ぶ人」で堂々巡りして終わります。

(質問6) どうして坂庭さんは、「脳」に行き着いたのですか? その経緯を詳しく知りたいです。

(回答6) インタビューでもない限り、この質問をしている時点で、「坂庭が脳に行き着いたプロセス」を学ぼうとしていることに気づきますか? すでにズレています。

私が脳に行き着いた経緯は1冊目の本にも書きましたし、三宅さん兄の動画でもすべて包み隠さずお話ししていますのでこちらをご覧ください。

その上で、自分の目的のズレに気づかないと、頭でっかちの理屈馬鹿で人生が終わります。注意してください。「学者」「研究者」になることが目的ですか? それとも、幸せになることが目的ですか?

(質問7) どうすれば坂庭さんに会えますか? 会って直接、話を聞きたいです。

(回答7) 「会えば変わる」というのも思い込みです。また、目的がズレています。会わなくても変わります。「会えば変わる」「直接話したい」と思っているうちはズレていて変わりません。本とYouTubeで、ご自分でやってください。

「講演会」をご希望でしたら、「お仕事の依頼」として公式サイトの問い合わせフォームから事務局宛にご連絡ください。

（質問8）坂庭さんの個別セッションを受けるには、どこから申し込めばいいですか？

（回答8） 現在、新規での個別セッションはお受けしていません。まずは、1Day セミナーにご参加ください。また、左記の「夢を叶えるブレインドリル（脳診断）」にご登録いただくと脳の使い方を変える基本の動画を今なら無料で5本、配信しています。1Day セミナーに申し込む前に、最低でも、この5本だけは、必ず、視聴してください。

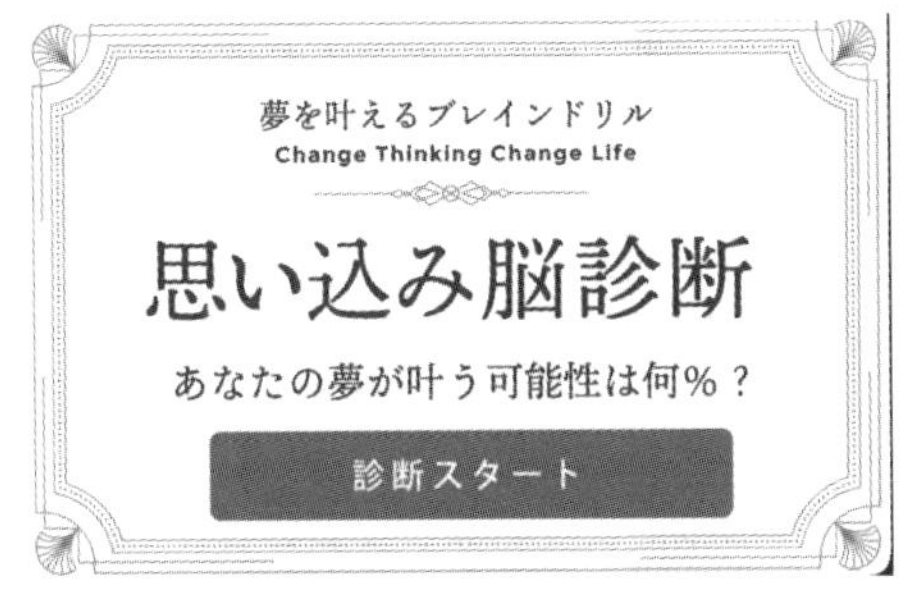

脳の使い方を変える基本の動画（5本）

◎1本目「脳の使い方を変えて収入を増やした実体験」

◎2本目「思考パターンを変えることで人生を変えた人たち」

◎3本目【悲報】「ツイてる！　ツイてる！」で鬱病になる」

◎4本目「コルクボードに写真を貼っても夢が叶わない2つの理由」

◎5本目「なぜ、セミナージャンキーほどブレイクスルーするのか？」

※右記のページは予告なく配信を終了するか、または、別の動画に切り替えます。以後はお問い合わせをいただいても対応できかねます。必ず公開している間にアクセスしてください。

※ 1Day セミナーは予告なく募集を終了する場合があります。ご了承ください。なお、キャンセル枠は用意していません。

（質問9）坂庭さんの 1Day セミナーに参加すれば私も変われますか？

（回答9） 変われませんね。「セミナーに参加すれば変わりますか？」というのは、「お金を払えばあなたが何とかしてくれますか？」という思考です。そして結果が出なかったときに人のせいにします。単なる依存、他力本願、責任転嫁です。「お金を払って参加するから変わる」のではなく、「自分で問いかけて気づくから変わる」のです。それが腑に落ちるまでは参加しないでください。

（質問10）有料コンテンツの金額はいくらですか？

（回答10） 逆にあなたにお聞きします。

病院に行ったら「末期です。余命2か月です。放っておいたら確実に2か月後には死にます」と医師に宣告され、治療費が500万円だとしたら、「高いから治療しない」という選択肢があるでしょうか？

だとしたら、あなたにとって「生きたい」という気持ちは、所詮、その程度なのでしょう。私はこれを「絶望が足りない」と表現しています。

私は借金まみれで、親と絶縁し、寝たきりになったとき、「この状況を抜け出す方法が存在するのであれば全財産を投げ打ってでも手に入れたい」と本気で思っていました。

正直、1億円でも正直安いです。仮に手元になくても、借金をしてでも手に入れるでしょう。脳のOSが整えばお金なんていくらでも稼げますし、後からいくらでも取り戻せます。

でも、命も時間も取り戻せません。

内容を把握せずに「高い」「安い」と金額で判断している時点で目的がズレていますし、絶望も足りません。

本気で人生を何とかしたいと思うまで、まずは、本書とYouTubeで、ご自分でやってください。

安心してください。私のコンテンツは500万円もしませんので。ただし、予告なく販売を終了する場合があります。ご了承ください。

（質問11）坂庭さんが配信しているコンテンツの無料と有料の違いはなんですか？

（回答11） 抽象度です。無料は抽象度が低く、有料は抽象度が高い内容になっています。また、一つの問いかけだけでは、気づきづらいケースもあるため、いろいろな角度から、いろいろな問いかけをすることで、深掘りします。

有料コンテンツでは、より抽象度の高い問いかけを通して、いろいろな角度から深掘りします。ただし、本やYouTubeで配信している情報で深掘りしない人がいきなり有料コンテンツに手を出してもお金と時間の無駄です。まずは、本書とYouTube、そして、基本の動画を視聴してください。

（質問12）自分なりに行動して経験値を増やしてきましたが、人生がよくなっていません。どうしてでしょうか？

（回答12）行動と経験だけでは無駄に歳を取るだけです。パラダイムシフト、つまり「気づき」と「変化」が大事です。

行動⇩気づき⇩パラダイムシフト⇩変化⇩行動

この繰り返しで経験値を増やすことによって、螺旋状に人生が向上していきます。

（質問13）私は時間もお金もないので坂庭さんのセミナーにも参加できず、有料のコンテンツにも参加できません。まして個別のコンサルを受けることもできません。こんな私にも今、行動レベルでできることは何でしょうか？　私は本当に困っているんです。早急に私の質問に答えてください。

（回答13）問いかけろ。

私があなたにアドバイスできる唯一の行動レベルは「問いかけろ」これだけです。

それが嫌なら諦めろ。

あとがき

「死ぬな、変われ」

20代で自殺を考えていたときの自分に一番読ませたかった本が、ようやく完成しました。

私のところには死ぬ場所を探している人や死ぬタイミングを見計らっている人からのご相談も多く届きますが、彼ら彼女らに、「生きろ」とは、とても酷で言えません。

なぜなら、「死にたい」と思う人は、昨日今日、そう思い付いたわけではなく、何年も何十年も、明日すら見えない真っ暗なトンネルの中をたった1人で今日まで必死に歯を食いしばって生きてきたからです。

そんな彼ら彼女らにとって「生きろ」とは、とても、重く厳しい言葉でしょう。

そこで代わりに「死ぬな、変われ」という言葉をかけています。

私の人生と信用のすべてをかけて断言します。

脳のOSのバグを取ってアップデートすれば、誰でも何歳からでも人生をアップデートすることができます。

もちろん、今からでも、あなたでも。

だからこそ、命を削って誰よりも頑張り続けてきたあなたに伝えたい。

これまでの人生、何重もの鎧を身にまとい、見えないたくさんの敵と戦ってきたあなたへ伝えたい。

「よく、頑張って生きてきたね。もう、頑張らなくていいんだよ。これ以上、必死に戦って、守って、苦しまなくていいんだよ。大丈夫だよ。あなたも、ここから、もっと、もっと、幸せになれるから。生きていてくれて、ありがとう」と。

あなたは、もう、これ以上、必死に何かに耐えたり、必死に何かを追いかけたり、必死に何かを補ったり、必死に何かから守ったり、必死に何かから逃げる必要はありません。

もちろん、自分を押し殺す必要もありません。むしろ、本当の自分を取り戻し、本当の自分とつながり、本当の自分を表現し、本当の自分を解放するときが来たのです。

あなたは自由です。

あなたは1人で、どこへでも行けます。本来の自由を取り戻すことができます。

今、この時点で、ピンと来ないかもしれませんが、いずれ、必ずわかるときが来ますので、安心してください。

私は宗教家でもなければスピリチュアル系の人でもありませんが、それでも、あえて、このように表現します。

全人類が救われるためのヒントのすべてをここに記しておきました。

「答え」ではありません。「ヒント」です。

なぜなら、答えはあなたの中にしかないから、です。

答えはあなたが自分の中に見出してください。そのためのヒントはすべて記しておきましたから。

現時点で私が知りうる限りのヒントです。

もし、あなたが1人で歩けなくなったとき、いつでも、本書に戻ってきてください。

私はいつでも、ここで、あなたを待っていますし、私はいつだって無条件であなたを受け入れる準備ができています。

従来の成功法則でも、心理学やスピリチュアル、健康法、自己啓発、成功哲学、そして、宗教でも救われなかった人にこそ、しっかりと実践してほしい本です。

今日、本書とあなたが出会ったことで、1人でも多くの人が1日も早く救われることを私は【確信】しています。

どうか、是非、しっかりと、何度でも本書と出会ってください。

あなたのために。そして、あなたが待たせてきた、大切な人のために。

今、10代、20代の人も。かつて、10代、20代だった人も。

「死ぬな、変われ」

万策尽きても、まだ、「諦めない」という選択肢があるのですから。

どうか、覚えておいてください。

ここに記した心理技術と哲学的思考は、たくさんの尊い命の上に成り立っている、ということを。

どうか、忘れないでください。

人は何歳からでも人生をやり直すことができる、ということを。

さぁ、バッドエンドをここで食い止めましょう。

終わりの始まりです。

その先には第二の人生が待っています。

一寸先は光。

メソメソと泣いている場合でも、オイオイと嘆いている場合でもありません。

人生、すべてネタです。

3か月後、これまでのあなたをすべてネタにして一緒に笑い飛ばしましょう。

3か月後、境界線を越えたあなたが、今度は誰かの希望になる番です。

あなたの前に道はありません。あなたの後ろに道ができるのです。

大丈夫です。道は私が照らしておきました。一緒に新しい道を切り開き、第二の人生を歩き始めましょう。そして、一緒に、新しい景色を見に行きましょう。

本書が暗闇の中で彷徨うあなたにとって、一筋の光になると、私は確信しています。

もし、本書があなたにとって少しでも役に立ったのであれば、是非、大切な人、3人に本書のことをシェアしてもらえると光栄です。

ここで1点だけお詫びがあります。

「すべてを1冊に」と思い、今回のテーマの他にも、

・恋愛、人間関係編
・心理学、スピリチュアル編
・自己啓発、宗教編

とカテゴリーを分けて、すべてを盛り込んでいました。そのため、出版社の社長に打診する前にすでに６００ページを超えた原稿になっていましたが、紙面の都合で、どうしても、今回、「脳の動かし方」と「収入（仕事、ビジネス）編」だけにテーマを絞った1冊になりました。

とは言え、私が借金・絶縁・寝たきりから人生を立て直す際にゼロから今日に至るまで、リアルタイムで実践している脳の使い方を「網羅」しています。

もちろん、収入以外の要素として随所に健康や恋愛、人間関係、スピリチュアル、心理学、自己啓発、成功哲学、宗教などの要素も盛り込んでいますので、この1冊で十分に人生を変えることはできます。

その上で、機会があれば、近い将来、第二弾、第三弾として続編を公開するかもしれません。

現時点で、確約はできませんが、興味をお持ちいただきましたら、是非、それまでは、この1冊を徹底的に使い倒し、また、YouTube やメルマガなど、私の他の媒体でも脳の使い方の理解を深めてもらえるとよろしいかと思います。

YouTube は下記の QR コードからチャンネル登録できます。

「健康オタク　坂庭」と検索してください。

※リンクはこちら
https://www.youtube.com/user/ThePhenixjapan?sub_confirmation=1

坂庭・YouTube チャンネル

最後に、本書は決して、私1人の「脳力」で書き上げたものではありません。

私の力なんて所詮、1馬力ですから。

本書はクライアントさん、動画の視聴者さん、メルマガ読者さん、フォロワーさん、愛しきアンチ、その他、多くの皆さんのコメントや思いや気づき、成果、そして、挫折と絶望、血と汗と涙の上に成り立っています。

本当に多くの方たちの知恵の結晶、まさに、「叡智」です。

この場をお借りして、心から感謝いたします。

そして、アニメ「薬屋のひとりごと」のエンディング曲「アイコトバ」のフレーズではありませんが、「飾りみたいな優しさじゃなくて、使い道がないほどのぬくもりを」、本書が、あなたにとって、そんな1冊になれば幸いです。

「生きてるだけで丸儲け」by　トミー

（巻末）

購入者限定特典ページのご案内です。

本書を、より深く理解するために、必ず、アクセスしてください。また、大幅な改訂や特典の追加、購入者限定のイベントなど、重要なご案内をする場合があります。普段お使いのメールアドレスをご登録ください。

※予告なく公開を終了する場合があります。是非、早めにアクセスしてください。
本編でご紹介している動画を整理して並べておきました。ご活用ください。

【改訂版】１回10秒　健康オタクが辿り着いた世界一シンプルで簡単な健康法

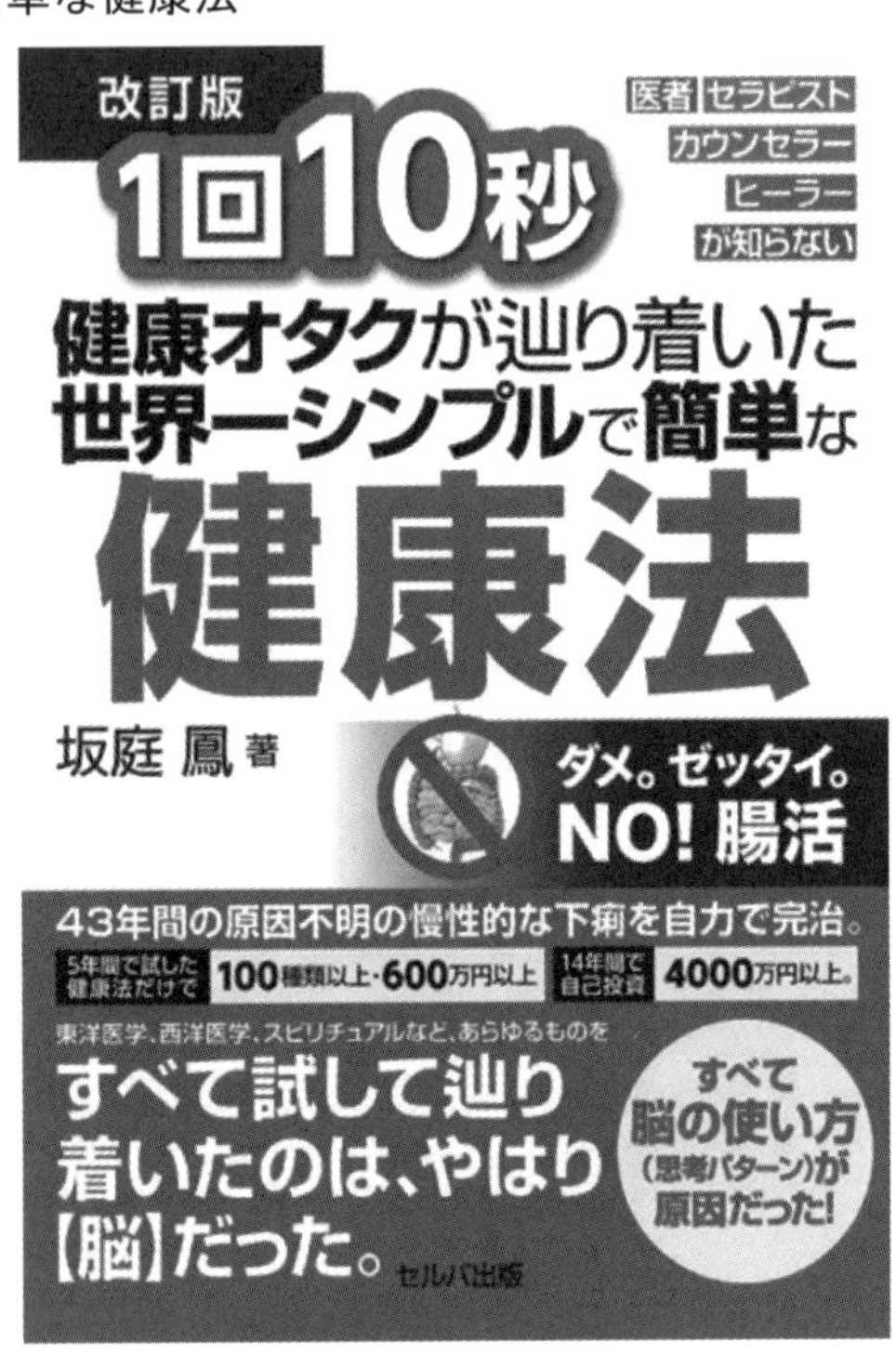

「思考は現実化する」は嘘（前提を差し替える）

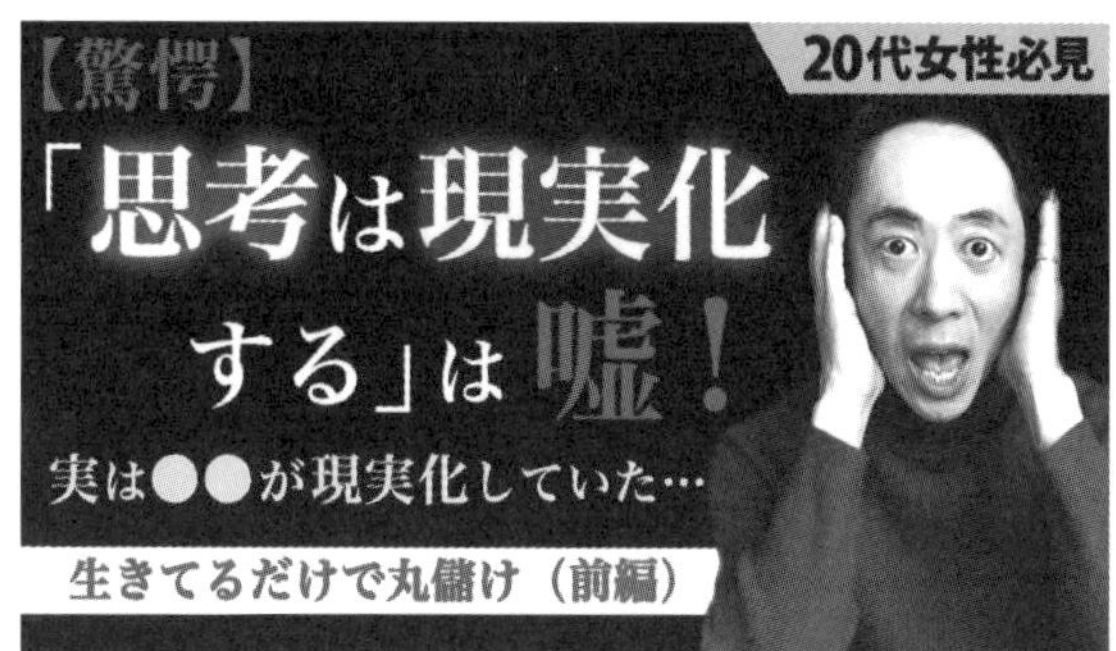

「現実で答え合わせをする」
三宅さん（弟）④再生箇所９分 11 秒から

本当のセルフイメージとは？

イチロー「秤は自分の中にある」再生箇所 26 分 42 秒から

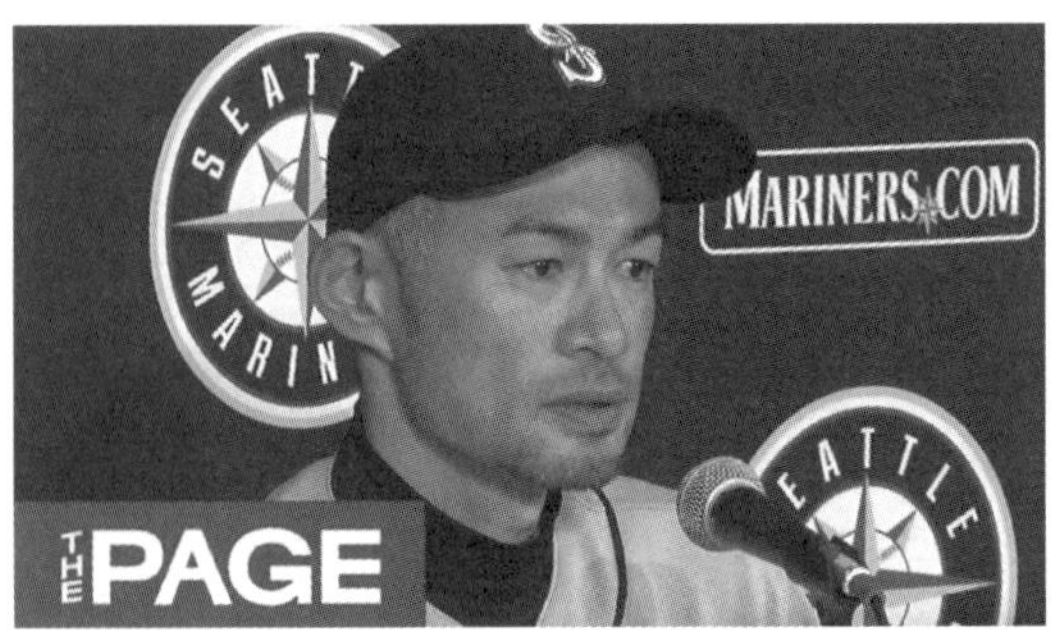

借金・絶縁・寝たきり……人生のどん底から抜け出す3ステップ

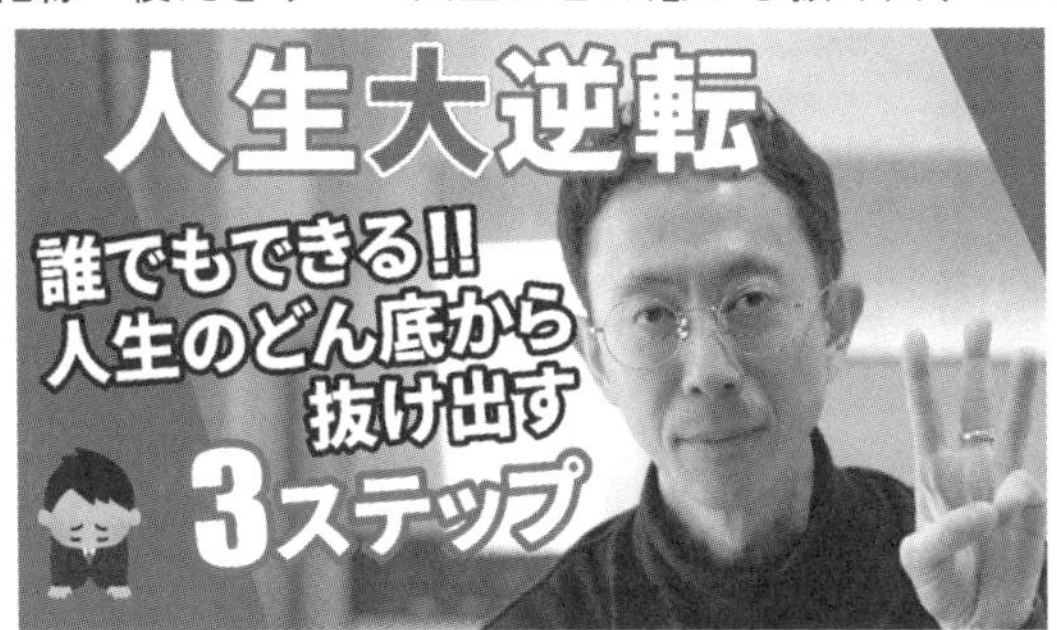

執着を手放し、欠乏感・渇望感・不足感の負のスパイラルから抜け出す方法（悪用禁止・脱洗脳・仕組まれた世界）

【真相】95%以上の経営者が 10 年以内に倒産（廃業）する本当の理由。マーケティングの重大な落とし穴とは？

【新解説】TED サイモン・シネック　日本語「Why から始めよう」

ブラッドピット主演映画「ファイトクラブ」名言（吹き替え比較動画）

【壮絶】コロナで重症化⇒救急搬送……「生きてるだけで丸儲け」

ひろゆき伝説の論破シーン

伝説の論破
シーン
あなたの感想ですよね
ネットの実名化
犯罪・いじめに有効?
あなたの感想ですよね
あなたの感想
ですよね!

【自己啓発の罠】自己啓発や心理学、占いは効果なし？
12 個の元の木阿弥

三宅さん弟②

人生で最も大事なテーマ「生きる目的」について

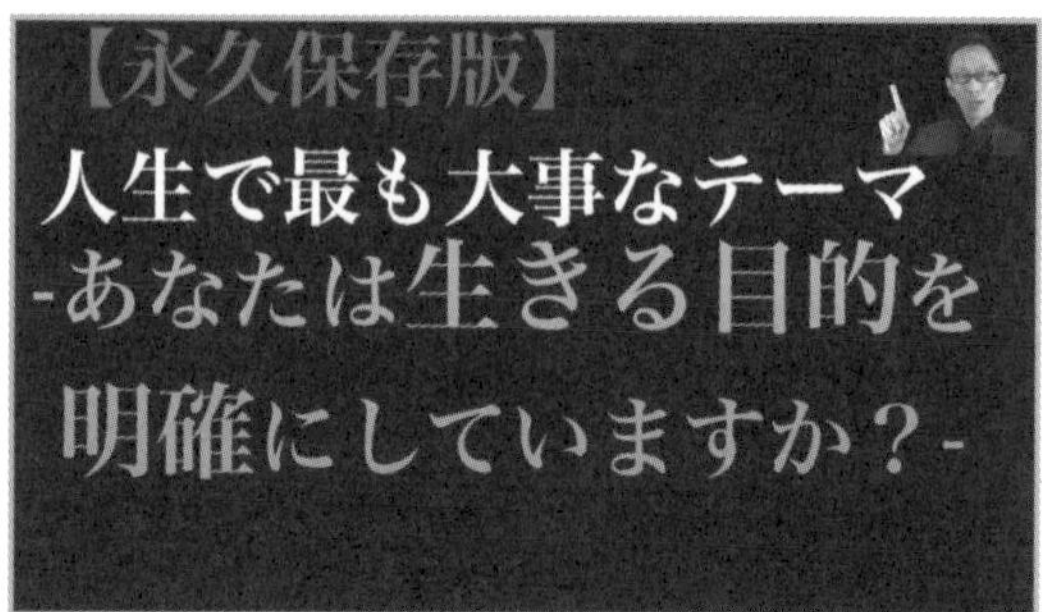

ネットワークビジネスにどハマりする主婦の最悪な3つの共通点

ホリエモンが株本にガチギレ

ドラマ「銭の戦争」

ジョン・レノン ／ イマジン （日本語訳付き）

大塚さんの事例（クライアントさんの動画インタビュー）

【究極】のビフォーアフター。これでダメなら諦めろ！
坂庭 vs 三宅さん（兄）対談１本目

坂庭 vs 三宅さん（兄）対談２本目

坂庭 vs 三宅さん（兄）対談３本目

坂庭 vs 三宅さん（兄）対談４本目ファイナル

【極秘】個別コンサル級。これでダメなら諦めろ！
坂庭 vs 三宅さん（弟）対談１本目

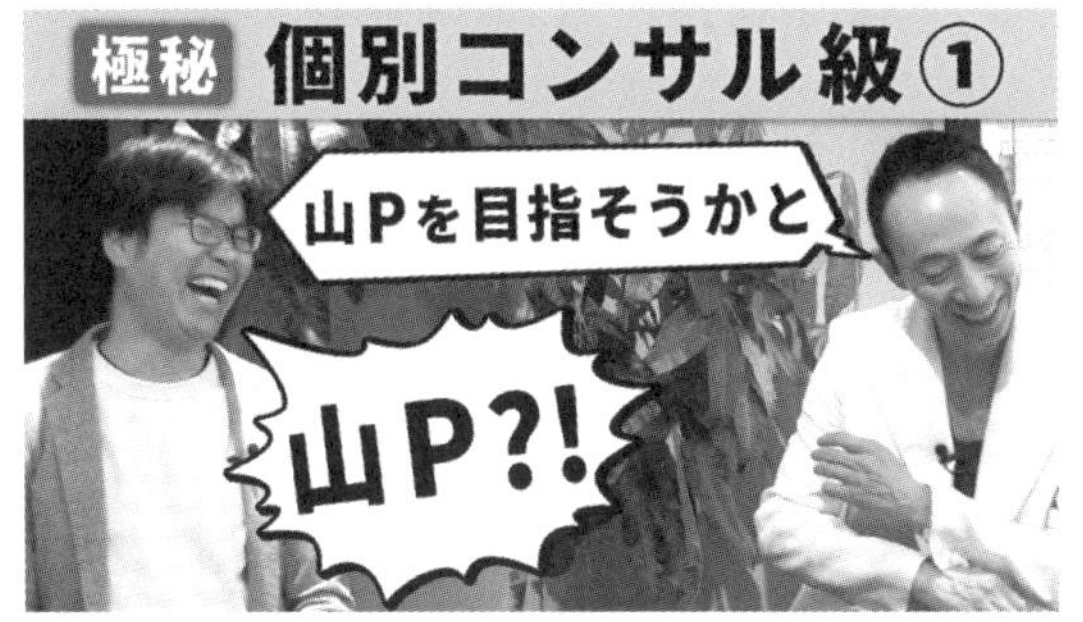

坂庭 vs 三宅さん（弟）対談２本目

坂庭 vs 三宅さん（弟）対談３本目

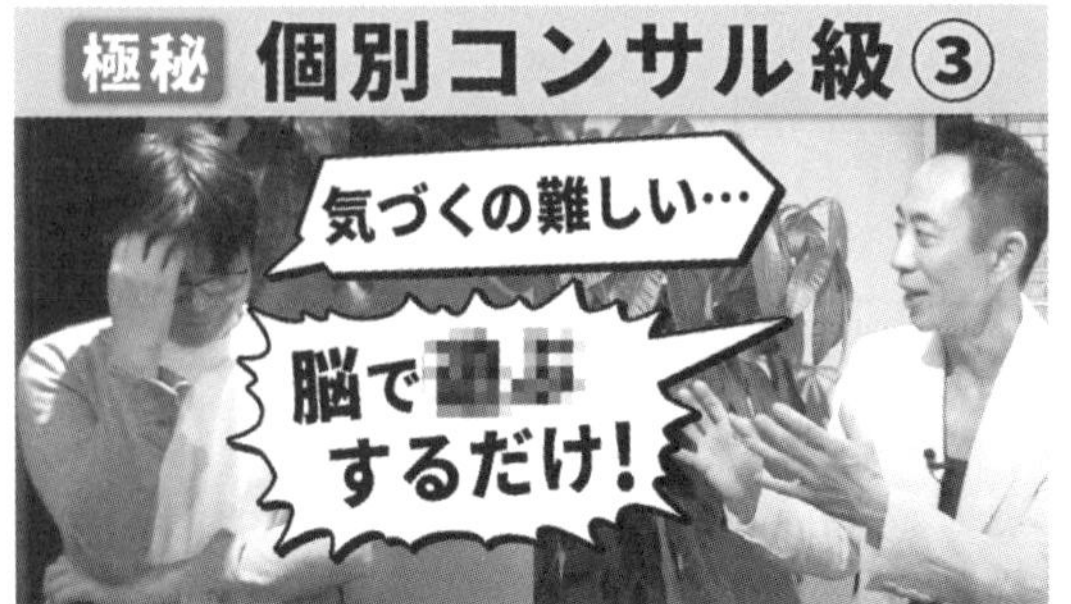

坂庭 vs 三宅さん（弟）対談４本目

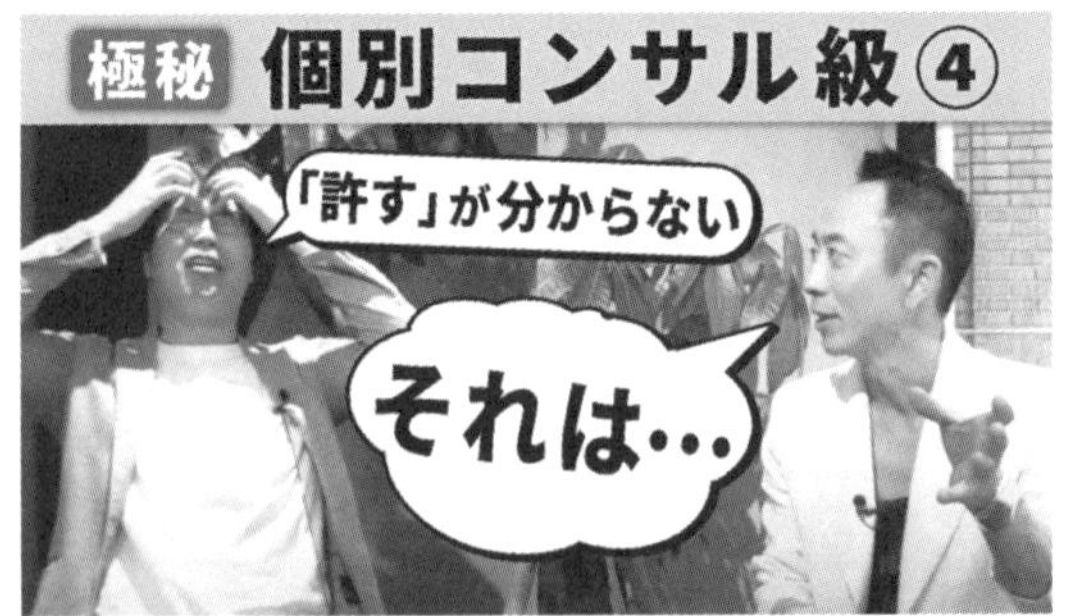

YouTube 人気動画ランキング（毎月更新しています）

公式サイトの QR コード

お仕事の依頼はこちらのフォームからお願いします。

20 代で夜職の女性専門のご相談サービス
ヒーリングサロン「IMARU（いまる）」

著者略歴

坂庭　鳳（さかにわ　つとむ）

群馬県前橋市出身、愛称「トミー」

株式会社フェニックスジャパン代表取締役、行政書士、心理カウンセラー、ヒーラー、自他ともに認める「世界一の健康オタク」

28歳で起業。経営コンサルタントとして活動する傍ら、14年間で5800人以上の社会人に行政書士試験の受験指導も実施。起業以来、4000万円以上の自己投資をするも2017年10月に持病が悪化し、寝たきりになる。

「思い込み」に気づき、思考の癖を整えたことで、薬も医療器具も一切使わずに43年間の原因不明の体調不良をわずか3日で完治させる。

3500万円以上の借金と未払いを10ヶ月で完済。さらに絶縁していた両親とも和解。借金・絶縁・寝たきりの三重苦を克服。「現代のヘレンケラー」と呼ばれる。

これを機に「脳のOSのバグをとってアップデートすれば、誰でも人生をアップデートできる」をコンセプトに、収入・健康・恋愛・人間関係を改善するブレイクスルー・コンサルタント®として活動。

再現性の高さが評判となり、セミナーは常に満員御礼で、1ヶ月待ちの行列のできる人気講師となる。個別セッションも常に3ヶ月待ちとなっている。

「これでダメなら諦めろ」「万策尽きても、まだ『諦めない』という選択肢がある」「あの世は他力、シャバは自力」「死ぬな、変われ」など、数々の名言を世に出す。

現在、全国を周りながら会員さんとお茶会「生きてるだけで丸儲け」を開催しつつ、「ツトムの戸締り」「葬送のトミーレン」と称して全国行脚をしている。

『〜医者・セラピスト・カウンセラー・ヒーラーが知らない〜1回10秒、健康オタクが辿り着いた世界一シンプルで簡単な健康法』（セルバ出版）は、出版初日に重版が決定するほど話題になる。

The Sign「収入のケタを1つ増やすブレイクスルー思考」収入（仕事・ビジネス）編

2024年2月29日　初版発行

著　者　坂庭　鳳　© Tsutomu Sakaniwa

発行人　森　　忠順

発行所　株式会社 セルバ出版
〒113-0034
東京都文京区湯島1丁目12番6号 高関ビル5B
☎03（5812）1178　FAX 03（5812）1188
http://www.seluba.co.jp/

発　売　株式会社 三省堂書店／創英社
〒101-0051
東京都千代田区神田神保町1丁目1番地
☎03（3291）2295　FAX 03（3292）7687

印刷・製本　株式会社　丸井工文社

Printed in JAPAN
ISBN978-4-86367-872-9